DAS SURFTRIP
ÜBERLEBENSHANDBUCH

**Better be ready
when the shit goes down**

MELANIE SCHÖNTHIER & STEPHAN BERNHARD

Teamrider Jay Thompson
@ Planet Sports Teamtrip
in WestOZ
O'NEILL
QUIKSILVER
ROXY
VOLCOM
BILLABONG
NIKITA
norden
FCS
CREATURES
GRAVIS
NIXON

Teamrider Eva Kreyer
@ Planet Sports Teamtrip
in WestOZ
Planet Sports Surf team are:
Paul Günther, Sonni Hönscheid,
Eva Kreyer, Marlon Lipke, Michi Mohr,
Tao Schirrmacher, Gerry Schlegel,
Jay Thompson, Gony Zubizarreta
Actionshot Jay + Eva: Andy Fox / andy-fox.com
LIGHT BOARD CORP
arnette
VANS "OFF THE WALL"
REEF
RUSTY
RIP CURL
Hurley
Planet-Sports
.com

IMPRESSUM

Einbandgestaltung: Daria Malek

ISBN 978-3-00-034186-1

1. Auflage 2011

Konzeption: Stephan Bernhard
Texte: Melanie Schönthier und Stephan Bernhard
Schlussredaktion: Melanie Schönthier
Layout, Design & Illustrationen: Daria Malek
Druck und Bindung: Peschke Druck, München

TEAM

Stephan Bernhard stand zum ersten Mal auf einem Surfboard, als Techno brandneu und die Mauer noch nicht gefallen war. Seitdem rettete der 38-Jährige einen bekifften Australier auf Barbados sowie einen unvorsichtigen Pudel in Frankreich vor dem Ertrinken, trat auf so viele Petermännchen, dass sein Körper gegen deren Gift inzwischen immun ist, wurde bestohlen, beraubt und sogar von einem Polizisten um sein Geld gebracht – allerdings ließ sich dieser Verlust verschmerzen, denn er war vorbereitet, so wie es auf Seite 115 zu lesen ist.

Melanie Schönthier surfte ihre erste Welle vor acht Jahren in Portugal. Genauso lange suchte sie nach dem perfekten Surf-Bikini, den sie erst nach der Recherche für dieses Buch fand (siehe Seite 74). Das Schlimmste, was der 30-Jährigen bisher auf einem Surftrip passierte? Eine Woche Quarantänestation nach der Rückkehr aus Marokko. Streunende Hunde aus der eigenen Wasserflasche trinken zu lassen, hält sie seitdem für keine gute Idee mehr...

Daria Malek ist begeisterte Snowboarderin und deshalb war es nur eine Frage der Zeit, bis sich die Grafikerin auch auf ein Surfboard wagte. Ihre Erfahrungen beschränken sich bisher zwar nur auf ein paar fiese Waschgänge in portugiesischen Beachbreaks, trotzdem freut sich die 25-Jährige schon auf ihren nächsten Surftrip. Der wird sie nach Frankreich führen, denn dort – das weiß sie seit ihrer Arbeit an Seite 136 in diesem Buch – warten Wellen in Spaßgröße und Endless Summer-Feeling. Ihr Traum ist es, in zehn Jahren mit ihrem heute sieben Monate alten Sohn Louis gemeinsam im Line Up zu sitzen und von ihm in Wellen gecoacht zu werden.

VORWORT

Die Idee für ein Surftrip-Überlebenshandbuch kam mir vor drei Jahren – an einem Tag, als ich mit einem Freund von einem Surftrip zurückkam und ihn direkt vom Flughafen ins Krankenhaus fahren musste. Wenn ich sage, dass mein Kumpel zu diesem Zeitpunkt nicht mehr gut aussah, ist das keine Übertreibung: Sein Fieber war so hoch, dass er förmlich glühte, sein Verband von Blut durchtränkt und er so schwach, dass ich ihn in einem Rollstuhl durch den Flughafen schieben musste. Dabei hätte es nicht so weit kommen müssen, wenn wir nur mehr über Reefcuts und tropische Infektionen gewusst hätten. Doch wir waren ahnungslos und steuerten geradewegs ins Verderben (die Details der Ereignisse sind auf Seite 52 nachzulesen).

Da dachte ich zum ersten Mal, dass es etliche Surfguides gibt, die dir jede Welle am Ende der Welt erklären, aber nichts und niemanden, der dir zur Seite steht, wenn dein Surftrip sich gänzlich anders entwickelt als du es dir erträumt hast. Schließlich hatte ich auch schon am eigenen Leib aus Unwissen vollkommen unnötig gelitten. Eine Erfahrung, die zwar schon zehn Jahre zurückliegt, mir aber immer noch Phantomschmerzen bereitet, wenn ich an diesen Sommertag an der Atlantikküste denke. Damals war ich zum ersten Mal auf ein Petermännchen getreten, einen dieser heimtückischen Fische, die sich ganz nah am Ufer im Sand vergraben und nur darauf warten, dir ihren giftigen Stachel in den Fuß zu rammen. Zuerst war es nicht so schlimm, vielleicht so schmerzhaft wie ein Bienenstich, doch das war erst der Anfang. Bald fühlte es sich so an wie ich mir einen Hornissenstich vorstelle, und die Qual wollte einfach kein Ende nehmen. Was hätte ich damals für ein Handbuch gegeben, in dem steht, dass ich einfach meinen Fuß in heißes Wasser halten muss und alles in fünf Minuten vorbei ist (warum steht auf Seite 68). Aber das hatte ich nicht, und auch die Idee für ein Surftrip-Überlebenshandbuch nahm erst Jahre später in einem kahlen Krankenhausflur Formen an.

Denn warum soll jeder Surfer nur aus seinen eigenen Fehlern lernen – es reicht doch, wenn sie andere schon begangen haben!

Stephan Bernhard

INHALT

MENSCHLICHE SCHWÄCHEN

Menschen sind Tiere und wenn es um Wellen geht, können sie sich in wahre Bestien verwandeln. Es kann jeden treffen, selbst die Besten, und sogar Mark „Occy" Occhilupo. Inzwischen genießt der Australier den Status einer echten Surflegende und niemand würde heute noch versuchen, Mark im Wasser eine Lektion zu erteilen. Doch das war einmal anders: Als Mark gerade 17 Jahre alt war und auf Hawaii zum ersten Mal den Spot Sunset Beach surfte. Sein Fehler war, nicht sofort aus der Welle zu kicken, als ein anderer Surfer vor ihm in die Wasserwand droppte. Mark surfte die Welle einfach hinter dem Unbekannten bis in den Channel und bekam dort angekommen eine schallende Ohrfeige für diese Respektlosigkeit. Auf Hawaii herrschte schon damals eine strikte Rangordnung im Line Up und nicht jeder hatte das gleiche Recht, eine Welle zu reiten. Am gleichen Tag lernte Mark auch den Big Wave-Surfer Ken Bradshaw kennen, ein Bär von einem Mann, der die Angewohnheit hatte, Finnen mit der bloßen Hand abzuschlagen oder ein Stück Rail aus einem Surfboard zu beißen, wenn er sich nicht respektiert fühlte. „Bis heute weiß ich nicht, was ich getan habe, dass dieser bärtige Riese mein Board zwischen seine Kiefer schob und ein Stück herausriss", erinnert sich Occy in seiner Biografie.

Aber nicht nur Locals, die Angst und Schrecken verbreiten, können deine Session in einen Albtraum verwandeln, manchmal stehst du dir auch selbst im Weg. Etwa wenn die Wellen groß, deine Ängste aber noch größer sind, oder du einen Hammerswell verpasst, weil das Bier am Abend zuvor in Strömen floss.

Schwächen sind menschlich – lerne, mit ihnen umzugehen.

LOCALS ONLY!

Die Theorie:

„Heute surft einfach jeder – Mütter, Väter, Schwestern, 4-jährige Kids und 80-jährige Großväter“, lautete die Einschätzung der ASP (Association of Surfing Professionals) schon vor einigen Jahren über den Boom des Wellenreitens. Viele sagen, dass genau diese Überfüllung der Line Ups Localism entstehen lässt. Ganz so einfach ist es aber nicht. Denn Localism gibt es schon so lange wie das Surfen selbst, wie ein Vorfall im Winter 1976 zeigt. Damals wurde der Australier Wayne Bartholomew auf Hawaii von einer Gruppe Locals angegriffen. „Ein paar Zähne waren ausgeschlagen, die Nase gebrochen und mein Gesicht voller Platzwunden“, beschreibt der damalige Surf-Profi und spätere Präsident der ASP seinen Zustand nach dem Übergriff. Allerdings weiß er auch, wieso es so weit kam: „Ich war im Wasser einfach zu egoistisch.“

Tatsächlich vergleichen Psychologen das aggressive Verhalten von Locals mit der Revierverteidigung eines Stammes von Ureinwohnern. Die Locals definieren sich als Gruppe durch das Surfen an ihrem Spot und betrachten die Wellen quasi als ihr Eigentum. **Fremde werden als Eindringlinge angesehen,** und wenn man sich gegen sie verteidigt, stärkt das zusätzlich das Gruppengefühl wie eine gewonnene Schlacht. Vor allem Surfer, die mit den Locals um die besten Wellen kämpfen, werden schnell als „respektlos“ oder „egoistisch“ abgestempelt und verdienen in den Augen der Locals eine Lektion.

Auch die neue Technologie könnte ein Grund für zunehmenden Localism sein. Vor einigen Jahren war noch eine Menge Erfahrung nötig, um zur richtigen Zeit am richtigen Ort zu sein. Damals musste noch die Wetterkarte der Tageszeitung interpretiert werden, um ahnen zu können, ob sich ein Surftrip lohnt oder nicht. Heute bieten etliche Internet-Plattformen stündlich aktualisierte Wellenvorhersagen und machen es kinderleicht zu wissen, wann und wo die besten Wellen brechen. Wer sich nicht einmal die Mühe machen will, einen Blick ins Internet zu werfen, kann sich bequem per SMS benachrichtigen lassen. Folglich ist das Gedränge im Wasser an den wenigen magischen Tagen am größten - genau wie das Frustpotential der Locals.

Der Alltag:

„Es ist kaum vorstellbar, wie es zu solch einem Gewaltausbruch kommen konnte“, sagte ein Richter in Kalifornien, nachdem er ein Video in Augenschein genommen hatte. Zu sehen waren darin drei Boogieboarder, die auf einen Surfer einschlagen, ihn unter Wasser drücken und sein Board demolieren. Für den Richter war der Auslöser der Gewaltorgie nicht nachzuvollziehen. Der Surfer wollte nur ein paar Wellen in Fort Point reiten, dem Spot direkt neben der Golden Gate Bridge.

Surfer, die schon ein wenig in der Welt herumgekommen sind, sagen eher: „Das ist ganz normal. **Localism gibt es überall.** Die einzige Besonderheit in diesem Fall ist, dass die Täter vor Gericht kamen.“

Eine Tatsache, wobei pure Gewalt meist nicht die einzige Strategie der Locals darstellt. Graffitis wie **„Locals only“** oder **„If you don't live here, don't surf here“** lassen sich noch leicht ignorieren. „Schwieriger wird es, wenn du im Line Up ankommst und mit den Worten **„You don't surf here“** begrüßt wirst“, erzählt der Besitzer eines Surfshops in Ocean Beach, Kalifornien. Ihm erging es genau so, als er auf Hawaii den Spot Threes in der Bucht von Waikiki surfen wollte. Fremde ans Ufer zu schicken, ist unter Locals beliebt, meist aber erst, nachdem es zu einem Drop In oder ähnlichem kam.

Ansonsten sind oft Autos mit ortsfremden Kennzeichen das Ziel von frustrierten Surfern. In Frankreich kann es ausreichen, aus Biarritz zu kommen, um nach einer Surfsession im nahen Hossegor seinen Wagen mit vier platten Reifen vorzufinden. Auf den Kanaren, dem Localism-Hotspot Europas, werden reisende Surfer an manchen Spots dagegen gleich mit Steinen beworfen. Auch wer es wagt, den steilen Weg zu Lunada, einem für seine brutalen Locals berüchtigten Spot in Kalifornien, hinabzusteigen, muss mit einem Steinhagel rechnen. Manchmal werden hier auch Golfbälle von der Klippe direkt in den Line Up abgeschlagen.

In Hawaii kann es dagegen zu einer direkten Konfrontation kommen, wenn ein Local auf dich zupaddelt, die spitze Nose seines Boards von unten in dein Stick rammt und dir **„Like Beef?“** ins Gesicht brüllt, was soviel heißt wie: „Lust auf einen kleinen Kampf?“

LOCALS ONLY!

Selbstschutz:
Localism gibt es zwar an jedem Küstenstrich, aber nicht immer und überall. Spots an Stadtstränden sind immer voller als etwas abgelegenere Wellen. Wer auf Reisen ist, kann leicht ausweichen, wer nur am Feierabend ins Wasser kommt, nicht. „Es ist eine Form des Respekts gegenüber den Locals, ihnen etwas Freiraum zuzugestehen", meint Mavericks-Pionier und Big Wave-Legende Grant Washburn.

Wichtiger ist aber das eigene Verhalten im Wasser. Denn nichts ist leichter, als sich den Zorn der anderen Surfer zuzuziehen. Wer etwa mit fünf Kumpels gleichzeitig ins Wasser springt, macht sich schon unbeliebt, bevor er im Line Up ankommt. Wer gleich an die Spitze der Surfer an den Peak paddelt und meint, dass die nächste Welle ihm gehört, beschwört Ärger herauf. Besser: Sich zuerst am Rand halten und ein Set abwarten – sich quasi hinten anstellen. Wer anderen Surfern in die Welle droppt, ihnen im Weg liegt oder „snaked" – also um sie herumpaddelt, um für die nächste Welle eine bessere Position zu haben, schreit sogar nach Problemen. Einige Surfer halten Localism nämlich auch für die einzige Möglichkeit, in einem Sport für Ordnung zu sorgen, der kaum Regeln hat, und so Wellenreiter zu verbannen, die durch ihr Verhalten die Session aller beeinträchtigen.

Daher sollte sich auch jeder Surfer folgende Frage stellen, bevor er ins Wasser geht: **„Bin ich diesem Spot gewachsen?"** Denn wer an einem Break nichts zu suchen hat, wird schnell als Störenfried identifiziert. Stellen wir uns dazu folgende Szene vor: In einem Stadtpark irgendwo in Berlin, Hamburg oder München liefern sich zehn Jungs ein Fußballmatch. Plötzlich tragen vier andere Jungs einen Kickertisch mitten auf das Spielfeld und beginnen, ihr eigenes Match auf dem Tisch auszutragen. Das echte Fußballspiel ist mit dem Hindernis mitten auf dem Rasen unmöglich weiterzuführen. Auf die Bitte, ihren Kicker an anderer Stelle aufzustellen, reagieren die vier Tischkicker aber so: „Nein, der Park ist für alle da." Unvorstellbar? Beim Surfen passiert genau das andauernd. Etwa an einem Riff bei Peniche in Portugal. Der Spot liegt direkt vor einem riesigen Parkplatz, der sich im Sommer mit Campern aus ganz Europa füllt, und im Wasser herrscht das absolute Chaos. Aus nicht erklärbaren Gründen zieht dieses Riff Anfänger an wie Motten das Licht. Drop Ins sind an der Tagesordnung, oft gleich mehrere auf einer Welle, genauso wie herumfliegende Boards, wenn ein größeres Set den Line Up überrascht. Die Locals können hier kaum mehr surfen und verstehen auch nicht, warum der nur 50 Meter entfernte Beachbreak menschenleer ist, obwohl er für die meisten Reisenden viel besser geeignet wäre.

Die andere Seite:

Das Wolfpak hat den Ruf, die Wellen an Hawaiis North Shore mit eiserner Faust gegen alle zu verteidigen, die gegen die Regeln der Locals verstoßen. Früher flogen oft die Fäuste, heute sind die Methoden meist weniger brutal, dennoch fordern die Locals Respekt. Doch wie genau zeigt man den? Die Brüder Kala und Kamalei Alexander zählen zum harten Kern der Gang und erklären, was sie im Line Up erwarten:

„Befolgt die Regeln! Pipeline ist eine brutale Welle, wer sich hier einen Drop In leistet, bringt den anderen Surfer in große Gefahr. Wir sorgen nur dafür, dass im Line Up nicht das Chaos regiert."

„Wer einen Drop In verschuldet, sollte ans Ufer paddeln und einen anderen Spot surfen. Das Wasser zu verlassen, ist die ultimative Form des Respekts! **Wer lieber Ärger will, paddelt einfach zurück in den Line Up** – so als wäre nichts passiert."

„Geduld ist auch eine gute Eigenschaft. Es ist höflich, auf seinen Ritt zu warten."

„Jeder bekommt, wonach er verlangt. Stürmst du wie ein wilder Stier in den Line Up, wirst du bei den Hörnern gepackt. Hältst du dich zurück, bekommst du einen entspannten Ritt."

„Nicht nur nehmen, sondern auch geben. **Wer einem Local eine Welle schenkt, wird das nicht bereuen."**

Nachgefragt

Wie hart geht es auf Hawaii wirklich zu?

Tim Schubert weiß es genau. Der Sylt-Local zählt zu den besten Surfern Deutschlands und verbrachte schon zwei Winter am North Shore.

„Bevor ich das erste Mal nach Hawaii geflogen bin, hatte ich richtig viele Bedenken. Was wenn die Wellen zu groß und die Locals zu fies sind? Habe ich da als Deutscher überhaupt etwas zu suchen? Ich war wirklich hin und her gerissen, ob es eine gute Idee ist. Aber dann wurde es ein Wahnsinnstrip, vom ersten Abend an war ich nur gestoked. Bis auf Pipeline fand ich jeden Spot echt entspannt. Ich weiß nicht, ob das an mir lag, weil ich im Wasser nie den Dicken markiert habe oder gleich zum Point gepaddelt bin. Vielleicht bekommen manche Touristen ganz andere Probleme. Aber ich habe auch keinen einzigen Kampf im Wasser gesehen. Da wurde ich in Australien oder Mundaka schon Zeuge ganz anderer Szenen.

Vom Look entsprechen etliche Surfer am North Shore absolut dem Klischee eines fiesen Locals. Aber diese von oben bis unten tätowierten Typen mit ihren Kampfhunden in ihren dicken Autos sind alle unglaublich nett und freundlich. Da hat mich kein Einziger auch nur böse angeschaut, so nach dem Motto: Was willst du hier? Flieg zurück nach Deutschland!

An einem recht unbekannten Spot neben Sunset machte ein Tourist Fotos von seinen Kumpels beim Surfen. Da ist ein Local zu ihm hingepaddelt und meinte: **„Vor fünf Jahren waren hier maximal fünf Surfer im Wasser, jetzt sind es 15 bis 20.** Wäre nett, wenn du keine Fotos und den Spot damit noch bekannter machst. Der Local war ein richtiger Kasten, ich hätte gedacht, der schreit eher ‚Verpiss dich!‘ oder zerbricht ihm sein Board. Aber der war ganz höflich und hat erklärt, warum und wieso. Widerspruch hätte er aber wohl nicht akzeptiert.

Mir erging es einmal ähnlich, als ich Rocky Point surfte. Der Spot war so leer wie selten und ich hatte sehr viele Wellen. Da hat mich plötzlich ein Local rübergepfiffen. Ich bin zu ihm hingepaddelt und habe gefragt, was los ist.

Darauf meinte er: ‚Hast du mich gerade aus einer Welle gepfiffen?‘ Hatte ich nicht, hätte ich auch nie gemacht. Der Typ war 1.90 Meter groß und doppelt so breit wie ich. Wäre mir der reingedroppt, wäre mir das egal gewesen. Der wollte nur abchecken, wie ich drauf bin und mir zeigen, dass ich vielleicht schon zu viele Wellen hatte und nicht jede nehmen sollte.

Pipeline und Backdoor sind allerdings eine ganz andere Hausnummer. Da war ich auch nur dreimal surfen, es ist dort einfach viel zu voll. Oft sitzen 50 oder 60 Surfer dicht an dicht und man muss mitten rein an den Peak, um überhaupt eine Welle zu kriegen. Ich habe Wellen abbekommen, aber keine richtig guten, nicht so eine Welle, für die Pipe berühmt ist – eher die, die keiner wollte. Eine Setwelle zu bekommen, ist superhart. An den absolut perfekten Tagen glaube ich, dass nur die Locals Wellen bekommen und eine Handvoll Profis wie Kelly Slater. Und an nicht ganz perfekten Tagen wird einfach um jede einzelne Welle gekämpft, nicht nur von den Locals, sondern von Surfern aus der ganzen Welt, die aber alle auf einem verdammt hohen Niveau surfen.

Fehler darf man sich auch nicht leisten. Einmal habe ich gesehen, wie die Locals einen Surfer in Pipeline rausgeschickt haben. Der war gut, hatte einige Sponsorensticker auf dem Board, aber ist einem anderen in die Welle gedroppt. Da wurde nicht lange gefackelt, sondern der Typ an Land geschickt und ihm sein Surfboard weggenommen. Die Locals haben das Board eigentlich nur in einen Garten geschmissen, der Typ hat sich aber nicht getraut, es sich zurückzuholen.“

MASSENANALYSE

Wie viele Surfer gibt es auf der Welt? Fünf Millionen, wie die Surf Industry Manufacturers Association vor ein paar Jahren sagte? Oder liegt die Zahl eher bei 17 Millionen, wie der australische Surfverband schätzt? Vielleicht hat aber doch die International Surfing Association mit ihrer Behauptung Recht, dass sogar 23 Millionen Menschen surfen. Fakt ist: Niemand weiß, wie viele Surfer es gibt. Klar ist aber auch: Surfen boomt und der Platz im Wasser wird knapp.

Wenn die Wellen in Lower Trestles, einem der beliebtesten Spots in ganz Kalifornien, am Pumpen sind, warten die Surfer oft Rail an Rail auf ihren Ritt. Ähnlich sieht es aus, wenn Snappers in Australien feuert, dann ist der Anblick von 100 Surfern im Line Up keine Seltenheit, und auch in Europa wird der Platz knapp. Wenn der Offshore am Fistral Beach bläst, Englands bekanntestem Strand, schafft es auf der gesamten Strandlänge von 750 Metern kaum eine Welle ungeritten ans Ufer. **Selbst auf Sylt in der Nordsee können bis zu 60 Surfer auf einer Sandbank sitzen.** Allerdings sind wir oft selbst schuld, wenn eine Session zur Massenveranstaltung wird, oder genauer: unsere Gene.

Wer hat nicht schon erlebt, dass er mit ein paar Freunden an einem sonst leeren Strand einen Peak surft und plötzlich ein paar Typen direkt zu euch in den Line Up paddeln, obwohl es an dem Strand etliche, praktisch identische Peaks gibt. Psychologen haben verschiedene Theorien für diesen in unseren Genen verankerten Herdentrieb. Eine der Erklärungen besagt, dass, wenn wir am Strand auftauchen, vielleicht im ersten Moment nicht wissen, wo die besten Wellen brechen, also vertrauen wir unterbewusst darauf, dass die Surfer im Wasser mehr wissen als wir und setzen uns neben sie. Ob diese Annahme aber tatsächlich zutrifft, steht auf einem anderen Blatt.

Aber die eigenen Augen aufzumachen, ist nicht die einzige Möglichkeit zum Umgang mit Crowds:

Jeder will die beste und größte Welle des Tages, wenn aber schon 20 Surfer auf die Setwellen warten, macht es meist mehr Spaß, sich auf die etwas kleineren Brecher zu konzentrieren, die sonst keiner will. Der bekannteste Afro der Surfwelt, Rob Machado, sagte einmal: „Manchmal surfe ich Pipeline, komme aber nie im Line Up an. Wenn mir beim Rauspaddeln eine leere Welle entgegen kommt, kann ich nicht anders, drehe mich um und reite sie. Und leere Wellen gibt es mehr als man denkt. Auf manchen ist ein Surfer beim Take Off gestürzt, andere wollte keiner am Peak.“

SCHULDENAUSGLEICH

Eine wahre Begebenheit, die sich 2009 an der Ostküste der USA ereignete: Stundenlang surfen zwei Freunde ganz allein an einem Spot vor der Insel Saint Simons. Als der eine bereits am Strand zurück ist, sieht er, wie ein drei Meter langes Krokodil auf seinen Kumpel zuhält. Dem gelingt es zwar, eine Welle zu erwischen, aber das Reptil bleibt ihm dicht auf den Fersen. Als das Weißwasser den Surfer verschlingt, taucht das Krokodil unmittelbar neben ihm auf, öffnet sein Maul und – dreht ab. Wieso? Dafür hat der Surfer nur eine Erklärung: „Das war eine Warnung, Instant Karma sozusagen! Auf dem Weg zum Spot sah ich eine Schildkröte über die Straße kriechen, aber statt anzuhalten und sie zu retten, bin ich einfach weitergefahren, weil ich so schnell wie möglich ins Wasser wollte. Das Krokodil hat mich daran erinnert, dass ich das nächste Mal für ein Reptil besser in die Eisen steige.“

Was wohl passiert wäre, wenn er die Schildkröte überfahren hätte?

Natürlich schrammt nicht jeder Fall von Instant Karma so knapp an einer Katastrophe vorbei, aber das Prinzip ist immer das gleiche: Keine Aktion ohne Reaktion, oder: Alles, was du tust, kommt irgendwann zu dir zurück. Dominierst du den Line Up und nimmst jede Welle für dich in Anspruch? **Bad Karma**! Wundere dich nicht, wenn auf der Fahrt nach Hause dein neues Board vom Dach fliegt. Hast du jemanden im Wasser über den Haufen gefahren und sein Board demoliert, weigerst dich aber, die Reparatur zu bezahlen? **Bad Karma**. Gut möglich, dass du nach dem nächsten Supermarktbesuch vor deinem aufgebrochenen und ausgeräumten Auto stehst. Aber natürlich funktioniert Instant Karma auch umgekehrt: Du schenkst einem vollkommen Fremden eine Welle? **Good Karma**. Dafür sitzt du bei der Bombe des Tages genau in Position. Nimm ein Stück Plastikmüll vom Strand mit – **Good Karma**. Bei der nächsten Session surfst du alleine kopfhohe, perfekte Wellen.

Instant Karma ist die schnelle „Fast-Food"-Version des echten Karmas, das auf dem Glauben an die Wiedergeburt basiert und ein wichtiger Bestandteil des Buddhismus und Hinduismus ist. Demnach besitzt jeder Mensch ein „Kosmisches Konto", auf dem seine ungelösten Probleme, seine Schulden sowie seine Untaten liegen. Mit jedem neuen Leben bekommt er die Möglichkeit, diese Probleme zu bewältigen und sein Konto durch gute Taten auszugleichen. Irgendwann - so die Theorie – erreicht ein Mensch so das Nirwana, den Zustand vollkommenen Glücks. Beim Instant Karma erhältst du die Abrechnung dagegen prompt serviert.

KAMPFKUNST

Manchmal ist es kein Karma, sondern einfach nur Pech: Du bist zur falschen Zeit am falschen Ort und stehst in einer Bar plötzlich einem zwei Meter großen Hulk-Verschnitt gegenüber, der Ärger sucht. Ein Blick in sein zornverzerrtes Gesicht reicht aus, um sicher zu sein: Worte helfen hier nicht mehr, es werden Fäuste fliegen, und du wirst einstecken müssen. Welche Spuren die Konfrontation hinterlässt, liegt allerdings nur an dir und deiner Kampfstrategie.

Forscher in den USA haben errechnet, dass ein Baseball mit bis zu 150 Stundenkilometern vom Pitcher in Richtung Schlagmann geschleudert wird. Die 18 Meter lange Distanz zwischen den beiden Spielern legt der Ball dabei so schnell zurück, dass der Schlagmann nicht einmal blinzeln darf, wenn er auf den Wurf wartet. Ein Wimpernschlag dauert einfach zu lange – bis der Schlagmann wieder seine Augen geöffnet hat, könnte der Wurf schon vorbei sein. Genauso verhält es sich mit der Faust deines Gegners. Daher lautet der erste Ratschlag von Kampfsport-Experten: **Schließe niemals deine Augen und drehe deinem Gegner auf keinen Fall den Rücken zu.** Nur bei ständigem Blickkontakt hast du eine Chance zu erahnen, aus welcher Richtung der Schlag kommt und wie du ihm ausweichen kannst.

Kannst du einem Schlag nicht mehr ausweichen, kommt eine Technik zum Einsatz, die Kampfsportler als „abrollen" bezeichnen. Das bedeutet, dass du mit dem Schlag mitgehst, statt dich ihm entgegen zu stemmen. Zielt dein Gegner auf dein Gesicht, drehst du Kopf und Oberkörper in Schlagrichtung mit und nimmst dem Treffer so die Kraft.
Wenn die Faust eher auf deinen Magen abzielt, dann spanne deine Bauchmuskeln so hart wie möglich an und atme beim Aufprall der Faust kräftig aus - das setzt deine Bauchmuskeln zusätzlich unter Spannung.

Wenn du nicht derjenige bist, der die Schläge austeilt, musst du ständig in Bewegung bleiben, lautet eine goldene Regel unter Profiboxern. Also tänzle hin und her, hüpfe durch die Gegend, tue Dinge, mit denen dein Gegner nicht rechnet. Wenn du Glück hast, verwirrst du deinen Gegner so für einen kurzen Moment und bekommst die Chance zu kontern, während er für einen Sekundenbruchteil zögert. Manche Straßenkampftrainer empfehlen, den Kontrahenten zu diesem Zweck mit einem markerschütternden Urschrei aus dem Konzept zu bringen.

Ein Veilchen zu kassieren ist übrigens immer besser als einen Kinnhaken zu riskieren, der häufiger zu einem K.O. führt als jeder andere Treffer. Daher nie die Deckung vernachlässigen, stets eine Hand vor das Kinn und den Kopf leicht nach unten gesenkt halten, um das empfindliche Körperteil aus der Schusslinie zu rücken.

KATERKILLER

„Ich war von mir selbst angewidert und schwor mir, niemals wieder so abzustürzen“, sagt Surflegende Gerry Lopez und fährt fort: „Das war vor über 30 Jahren, und ich hatte seitdem keinen Drink mehr.“ Damals war Gerry, der durch seinen Style in Pipeline zu einem der ersten Surfstars wurde, bei Dreharbeiten in Hollywood, spielte eine kleine Rolle in dem Film „Big Wednesday“ und genoss das Nachtleben in vollen Zügen – bis zu dem Tag, an dem er dem Alkohol vollkommen entsagte. An diesem Morgen hatte ein neuer Swell die Küste erreicht, doch Gerry schlief nach einer langen Nacht bis mittags, und als er endlich die Augen öffnete, hatte der Wind schon auf Onshore gedreht. Gerry hatte die Session verpasst und zog seine Konsequenzen daraus.

Wer es Gerry gleichtut, wird sicher nie wegen einer Party einen Swell verpassen. Doch was hilft allen anderen, um nach einer wilden Nacht ein paar Wellen zu reiten, anstatt mit hämmernden Kopfschmerzen und von Übelkeit gepeinigt auf wackeligen Beinen aus dem Bett zu steigen? Wir haben die bekanntesten Hausmittel im Selbstversuch getestet:

Wasser

Theorie: Alkohol entzieht dem Körper Wasser, diese „Austrocknung“ ist einer der Hauptgründe für das miese Gefühl am nächsten Morgen.
Vorgehen: Immer ein Bier, dann ein Glas Wasser, den gesamten Abend lang und zum Abschluss nochmals so viel Wasser wie nur möglich.
Fazit: Hilft definitiv! Kater nur in Ansätzen spürbar, Surfsession problemlos möglich. Downer sind die Unmengen an Flüssigkeit, mit denen der Körper fertig werden muss.

Fett

Theorie: Je voller der Magen, desto langsamer geht der Alkohol ins Blut und desto gründlicher baut der Körper den Giftstoff ab. Dabei gilt: Je fettiger und schwerer das Essen, desto größer der Effekt.
Vorgehen: „All-You-Can-Eat-Burger-Night“ vor dem Weg zur Bar.
Fazit: Mit leerem Magen auf einer Party zu erscheinen, ist ein klassischer Anfängerfehler. Nichts hilft besser als eine gute Grundlage, wenn du am nächsten Morgen surfen willst.

Farben meiden

Theorie: Nur dunkle Getränke wie Rotwein, Rum oder Whiskey verursachen einen fiesen Kater – nicht Weißwein, Wodka oder Gin.
Vorgehen: Russenparty am Tresen mit Wodka on the Rocks vom Start bis zum Schluss.
Fazit: Morgensession? Never ever! Einziger Trost: Nach derselben Menge Whiskey würde es mir noch schlechter gehen.

Kontertrinken

Theorie: Dich heilt, was dich krank gemacht hat.
Vorgehen: Kleines Bierchen nach dem Erwachen.
Fazit: Der Kater schwindet mit jedem Schluck. Die Surfsession fällt trotzdem aus, da dafür der Rausch wieder zurück ist.

Trotzdem surfen

Theorie: Der Ozean erfrischt wie eine kalte Dusche und sobald der Kreislauf durch die Bewegung wieder in Schwung gekommen ist, gehört der Kater der Vergangenheit an.
Vorgehen: Aus dem Bett quälen, Board schnappen, lospaddeln.
Fazit: Surfen funktioniert, wenn sich auch jeder Paddelzug doppelt so anstrengend anfühlt, und nach einer Stunde beendet ein Muskelkrampf die Session. Merken: Nächstes Mal Frühstück nicht auslassen. Ein verkaterter Körper schreit nach Nährstoffen.

Wundermittel

Theorie: Es gibt einen Drink, der alle Beschwerden verschwinden lässt.
Vorgehen: Ein großes Glas nehmen, mit Tomatensaft auffüllen, ein rohes Ei darin versenken, mit Salz sowie Pfeffer verfeinern und austrinken.
Fazit: Der Brechreiz war danach größer als vorher. Surfen? Eher nicht!

Salz

Theorie: Alkohol schwemmt Unmengen an Mineralien aus dem Körper und führt so zu Salzmangel.
Vorgehen: Essen! Salzstangen oder Rollmops, was eben greifbar ist.
Fazit: Nahrungsaufnahme am Morgen danach hilft erstaunlich gut, wenn der Magen mitspielt. Ob ein salziges Frühstück besser hilft als ein salzarmes, kann weder bestätigt noch widerlegt werden. Morgensession mit etwas Verspätung erfolgreich absolviert.

Aspirin

Theorie: Der Klassiker hilft immer und überall.
Vorgehen: Mit müden Augen den Brausetabletten beim Auflösen im Wasserglas zusehen und austrinken.
Fazit: Gegen Kopfschmerzen gibt es nichts Besseres. Dafür reagiert der schon vorbelastete Magen extrem gereizt – du treibst den Teufel mit dem Belzebub aus.

Testperson:
Männlich, Mitte 30, 1.75 Meter groß, 73 Kilo schwer, relativ gut an Alkohol gewöhnt, schwankte bei jedem Selbstversuch leicht.

Warnung: Jeder Mensch reagiert anders auf Alkohol, und was dem einen gegen den Kater hilft, kann dem anderen den Rest geben!

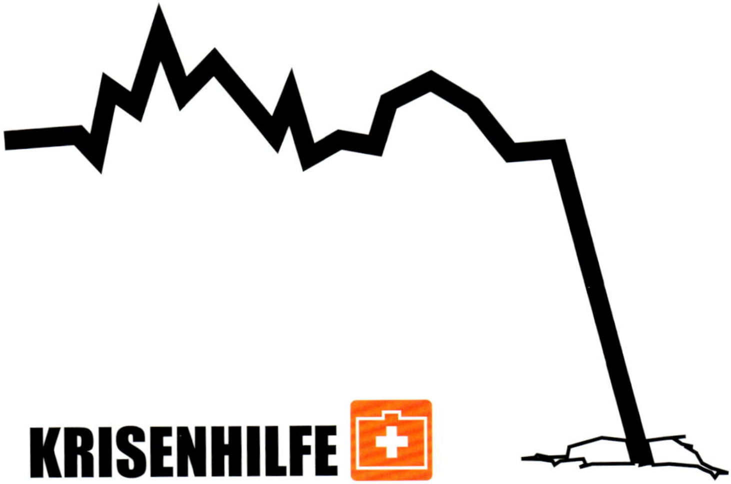

KRISENHILFE

Eines Morgens stehst du am Strand und nichts ist so, wie es einmal war. Die Wellen sind gut, Lust ins Wasser zu springen hast du trotzdem nicht, lieber noch einen Kaffee und dann vielleicht ein Bier. Dich hat der Surf-Blues voll erwischt und du hast keine Ahnung warum, noch wie du den Stoke wiederfinden kannst. Auch den besten Surfern geht es manchmal so, vor allem den Profis auf der World Pro Tour, die jahrein, jahraus von Contest zu Contest eilen. Die besten Pros haben allerdings Strategien entwickelt, den Blues gar nicht erst aufkommen zu lassen.

Etwa der amerikanische Surf-Profi C.J. Hobgood, der 2009 sein zehntes Jahr auf der World Pro Tour bestritt, und daher folgendes gefragt wurde: „Wie kannst du dich nach so langer Zeit noch motivieren?" Seine Antwort: **„Ich achte darauf, dass der Spaß erhalten bleibt.** Bei mir funktioniert das durch kleine Veränderungen, die ich jedes Jahr umsetze. Etwa einen neuen Coach engagieren, neue Boards probieren, meine Familie zu einem Event mitnehmen oder sie einmal zu Hause lassen – so bleibt die Tour neu und interessant für mich. Wer immer nur die gleiche Routine wiederholt, ist auf dem besten Weg zum Burnout."

Denn wo Routine herrscht, wird Langeweile geboren und die killt jegliche Motivation. Sich gegen diesen Teufelskreislauf zu wehren, ist aber nicht nur für Profis wichtig, sondern für jeden Surfer. Wer zum zehnten Mal den gleichen Surftrip unternimmt, hat wohl vergessen, wie aufregend es ist, einen neuen Spot zu entdecken. Wer immer nur auf die perfekten Wellen für sein Shortboard wartet, sollte einmal ein Longboard oder einen Fish probieren und das Gefühl des Gleitens von neuem erleben.

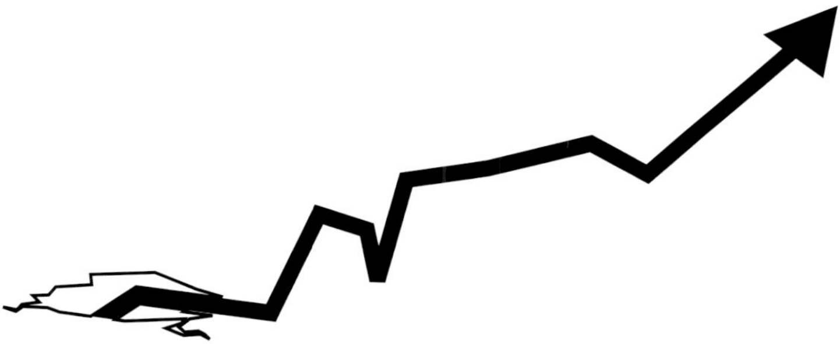

„Die meisten Menschen schrecken zurück, wenn es darum geht, etwas Neues auszuprobieren“, wundert sich auch Surflegende Laird Hamilton: „Sie haben Angst zu versagen oder ausgelacht zu werden. Ich verstehe nicht, warum wir denken, dass wir immer perfekt sein müssen, sobald wir erwachsen sind. Als Kinder landen wir doch andauernd auf dem Hintern und lachen darüber. Höre nicht auf zu lernen, denn so zwingst du deinen Geist, sich neuen Herausforderungen anzupassen – so bleibst du auch im Kopf jung und agil.“

Frust ist ein weiterer Motivationskiller, den jeder Surfer kennt, egal ob als Pro, für den ein Contest schon nach der ersten Runde vorbei ist, oder als Anfänger, der bei der Session einen Wipeout nach dem anderen produziert. Surfer Joel Parkinson, der schon ein paar Mal ganz knapp am Weltmeistertitel vorbeigeschrammt ist, weiß genau, welche Folgen Frust haben kann: „Meist beginnt es nach vier oder fünf Wettkämpfen“, erzählt der Australier. „Dann sind einige frustriert und sehen alles nur noch negativ. Manche werden regelrecht zu wandelnden Zeitbomben und explodieren wegen irgendeines unwichtigen Anlasses, andere fressen ihren ganzen Frust in sich hinein. Aber auf der World Tour ist einfach kein Platz für negative Gedanken, sobald du anfängst so zu denken, spielst du nicht mehr vorne mit. Ich versuche, jeder Situation etwas Positives abzugewinnen. Gibt es keine Wellen, freue ich mich, dass ich mich einen Tag ausruhen kann.“

Positives Denken lautet das Geheimrezept: Du kannst beim Anblick eines überfüllten Pointbreaks deinen Frust über die Crowds herausschreien oder dir sagen, dass da draußen sicher eine Welle wartet, für die es sich lohnt, eine Session zu riskieren. „Jeder bekommt, was er verdient. Suchst du Ärger, wirst du ihn bekommen. Willst du einfach eine gute Zeit haben, klappt auch das. Es kommt nur auf deine Einstellung an“, lautet nicht umsonst einer der Leitsätze von Laird Hamilton.

ANGSTTHERAPIE

Der Anblick des gebrochenen Boards gibt dir den Rest. Kaum erkennst du die zerfransten Bruchstücke aus Schaum und Glasfasermatten im Wasser und den Surfer, der in Richtung Strand krault, werden deine Schritte langsamer. Bis die gesamte Energie, die du gerade noch beim Wachsen deines Boards gespürt hattest, wie weggeblasen ist. Schon gestern wusstest du, dass es groß werden würde, richtig groß sogar. Die Vorhersage ließ keinen Zweifel daran, dass die Wellen bei weitem größer werden würden als das, was du deine „Comfort-Zone" nennst. Aber eigentlich hast du immer von solchen Wellen geträumt, wie sie sich jetzt direkt vor dir als dunkelblaue Peaks aus dem Ozean erheben, um dann mit mechanischer Präzision als perfekte Zylinder über das Riff zu feuern. Andere Surfer erleben nur 100 Meter entfernt Ritte, wie du sie immer haben wolltest, und trotzdem zögerst du plötzlich. Die Angst hat dich gepackt: das einzige Hindernis zwischen dir und den Wellen deiner Träume. **Doch wie wirst du sie nur wieder los?**

Surf-Pro Keith Malloy aus Kalifornien ist heute Mitte 30, hat in seinem Leben unzählige Stunden im Meer verbracht und in dieser Zeit vergessen, Angst zu haben. Die ständige Konfrontation mit Bergen aus Wasser machte ihn so selbstsicher, dass ihn keine Welle mehr erschreckt. Trotzdem weiß er noch genau, wie man die Kontrolle über den eigenen Kopf behält: „Nicht nachdenken! Versuche das, was dir Angst macht, vollkommen aus deinem Kopf zu verbannen. Wer ständig überlegt, was passieren könnte und ein Horrorszenario nach dem anderen durchgeht, macht sich nur verrückt und verstärkt seine Furcht."

Auch der weltreisende Soulsurfer David Rastovich rät eher zu akzeptieren, dass wir niemals die Kontrolle über alle Eventualitäten haben können: „Selbst wenn wir im Auto sitzen, haben wir nur die Kontrolle über unser eigenes Fahrzeug, nicht über den Verkehr oder einen anderen Fahrer, der uns übersehen und rammen könnte. Sollten wir deshalb Angst haben, wenn wir uns hinter das Steuer setzen? Nein! Und genauso ist es beim Surfen, jeder stürzt mal oder wird von einer großen Welle gewaschen. Länger als 20 Sekunden dauert aber kaum ein Waschgang. **Wer ruhig bleibt, kann problemlos so lange die Luft anhalten. Wer aber in Panik gerät, ringt schon nach wenigen Sekunden um Sauerstoff.** Der Trick ist, Wipeouts als Teil des Surfens zu sehen. Denn was ganz normal ist, macht dir auch keine Angst.“

Laird Hamilton, der Wellen surft, die keinen einzigen Fehler verzeihen, sagt, dass Angst auch Vorteile haben kann: „Sie kann dich lähmen und zerstören oder dir helfen, du musst nur wissen, wie du sie nutzt. Denn Furcht bewirkt im Körper mehr als die stärkste Droge. Man denkt schneller, reagiert exakter und ich sage sogar: Man ist stärker. Also lernt, Angst zu nutzen. Geht mit Haien tauchen, wenn die euer größter Alptraum sind, oder steigt auf Berge, wenn ihr unter Höhenangst leidet, und gewöhnt euch an das Gefühl, Angst zu spüren.“

Falls du aber wirklich einmal in eine heikle Situation kommen solltest, etwa deine Leash gerissen ist und du von einer brutalen Strömung mitgerissen wirst, dann hilft ein einfacher Trick, nicht in Panik zu geraten. Die Methode ist so effektiv, dass sie selbst Navy Seals und andere amerikanische Spezialeinheiten erlernen, um im Kampf nicht von Panik übermannt zu werden: Atme einfach fünf Sekunden lang tief ein, halte dann fünf Sekunden die Luft an und atme wieder fünf Sekunden lang langsam aus – schon kannst du wieder einen klaren Gedanken fassen.

SCHLACHTPLAN

Am 13. Februar 2010 ritt der Kalifornier Shawn Dollar die größte Welle, die je ein Mensch aus eigener Kraft angepaddelt hat: Einen 17 Meter hohen Wasserberg, der sich über dem Riff von Mavericks, Amerikas berühmtestem Big Wave Spot, aufgebaut hatte. Aber Shawn vollbrachte diese Heldentat nicht einfach so, er bereitete sich darauf vor – drei Jahre lang.

„Jeden Abend vor dem Einschlafen wiederholte ich immer denselben Satz: Im Pazifik entsteht ein mächtiger Sturm, der riesige Wellen in meine Richtung schickt. Eine dieser Wellen ist größer als alle anderen und nur für mich bestimmt. Ich werde sie surfen", berichtet Shawn von seiner meditativen Vorbereitung auf Tag X. „So existierte diese Welle schon jahrelang in meinem Kopf, bevor sie dann tatsächlich am Horizont auftauchte. Als es soweit war, war ich überrascht, dass alles genau so geschah, wie ich es mir immer vorgestellt hatte: Die Welle rollte auf mich zu, ich zögerte keine Sekunde und ritt diesen monströsen Berg aus Wasser so entspannt hinunter wie ich es in meinen Meditationsübungen immer getan hatte. Jeder weiß, dass Leistungssportler nicht nur ihren Körper trainieren, sondern auch ihre Bewegungsabläufe immer und immer wieder im Kopf durchgehen. So habe ich es drei Jahre lang jeden Tag mit dieser Welle getan, ich war wie besessen von ihr und jetzt, wo es vorbei ist, fühlt es sich fast wie eine Erlösung an."

Wer auf seinem Surfboard keine neuen Rekorde aufstellen will, muss die nächste Session nicht ganz so langfristig planen, dennoch kann die richtige Vorbereitung der Schlüssel zum Erfolg sein. Wenn etwa ein neuer Swell in Mavericks eintrifft, springen selbst die erfahrensten Locals nicht einfach ins Wasser. Sie studieren die Situation, zählen wie viele Wellen ein Set hat,

welche davon die größten sind, wie oft ein Freakset am Horizont erscheint, wie glatt oder unruhig das Face einer Welle ist und vieles mehr. Alles nur aus einem Grund: Um zu wissen, wo man sich an diesem Tag im Line Up besser nicht positionieren sollte. Wer riskiert schon gerne, von einer fünf Meter hohen Weißwasserwalze überrollt zu werden.

An einem gefährlichen Spot sollte ein Surfer aber nicht nur jedes Detail in seinem Kopf abspeichern, sondern auch daran denken, was passieren könnte; sich die Worst-Case-Szenarios vorstellen und mental darauf vorbereiten – sonst sieht er sich plötzlich mit einer unbekannten Situation konfrontiert. So kann eine beinahe harmlose Situation kritisch werden und eine kritische zu deinem schlimmsten Albtraum. **„Die Vorbereitung macht am Ende den Unterschied aus“**, weiß auch Big Wave-Pro Mark Healey. Und die kann manchmal auch ungewöhnlich ausfallen, so wie an einem Tag in Puerto Escondido, als Mark auf dem Weg in den Line Up von einem riesigen Set erwischt wurde und während des Waschgangs sein Board verlor. Die Leash hatte der Belastung einfach nicht standgehalten. Gegen die starke Strömung an Land zu schwimmen, war hoffnungslos. „Komischerweise hatte ich am Abend vorher darüber nachgedacht, was ich in so einer Situation machen würde. Mir erschien es am einfachsten, noch weiter auf's Meer hinauszuschwimmen und dort auf eines der Fischerboote zu warten“, erzählt er. „Ich hatte für diesen Fall sogar 100 Pesos als Bestechungsgeld für den Kapitän in meine Boardshorts gesteckt.“ Mehr als einen Kilometer von der Küste entfernt, wurde Mark dann nach einer halben Stunde von einem mexikanischen Fischer entdeckt und bekam eine „Taxifahrt“ zurück zum Strand.

MONSTERJAGD

Einmal eine richtige Bombe zu erwischen, ist ein Traum, dem fast jeder Surfer nachjagt. Für Mark Healey ist es Alltag. Der Big Wave-Profi droppt in 40-Fuß-Wellen ohne mit der Wimper zu zucken und verrät hier, wie jeder über seine Grenzen hinauswächst.

„Es spielt sich alles in deinem Kopf ab. Wenn sich der Horizont verdunkelt und eine riesige Wand aus Wasser auf dich zurollt, schreit jede Faser deines Körpers nach Flucht. Doch wer diesem Instinkt nachgibt, wird nie eine Bombe reiten. Dabei ist es ganz leicht:

Lektion eins:
Überliste deinen Verstand. Lass dich nicht mitreißen, wenn der gesamte Line Up hektisch Richtung Horizont paddelt, sondern halte deine Position, selbst wenn es so aussieht, als ob die Welle dir auf den Kopf bricht - meistens sitzt du dann genau richtig. Manchmal auch nicht, aber was im Leben ist schon ohne Risiko?

Lektion zwei:
Nicht zögern. Wenn du dich für eine Welle entschieden hast, dann nimm sie auch. Bei mir legt sich in so einem Moment eine Art Schalter um, und mein Verstand setzt erst wieder ein, wenn ich den Drop geschafft habe oder gewaschen werde. Versuche nie, wirklich nie, auf halbem Weg einen Rückzieher zu machen.

Lektion drei:
Paddeln, paddeln und nochmals paddeln. Je größer die Wellen, desto schwerer lassen sie sich reiten. Tonnen von Wasser und starker Wind werden alles versuchen, um deinen Drop zu verhindern. Da hilft nur ein Extra-Paddelzug.

Lektion vier:
Schau nicht nach unten. Es sieht immer so aus, als wäre es unmöglich, diese vertikale Wand aus Wasser zu surfen, aber du wirst überrascht sein, zu was du fähig bist.

Lektion fünf:
Wirft dich das Pferd ab, steige sofort wieder auf. Du hast einen fiesen Waschgang hinter dir? Denke nicht zuviel drüber nach, sondern paddle sofort wieder hinaus. Ist doch nur Wasser!“

NATÜRLICHE ALBTRÄUME

Die Natur ist eine launische Diva. Kaum hat sie dich mit ihren Reizen angelockt, fährt sie auch schon die Krallen aus. Es kann aus heiterem Himmel passieren, urplötzlich ohne Warnung. Also fühle dich nie zu sicher, egal wie atemberaubend das Panorama auch ist – so wie Skipper Klaus, als er mit seinem Charterboot die Überreste des indonesischen Vulkans Krakatau ansteuerte. 1883 kam es hier zu einer gewaltigen Explosion – so laut, dass selbst die Einwohner von Perth, 3100 Kilometer entfernt, den Knall hörten. Im Augenblick des Vulkanausbruchs wurden damals solche Naturgewalten freigesetzt, dass danach 165 Städte und Dörfer von der Landkarte gelöscht waren, genauso wie die Vulkaninsel selbst, die fast vollständig im Meer versank.
Heute ist sie wieder aufgetaucht, zumindest teilweise, seitdem der Vulkan 1927 begann, erneut in die Höhe zu wachsen. Skipper Klaus ließ hier den Anker werfen, um eine kleine Exkursion auf den Vulkan zu unternehmen – trotz der dunklen Rauchsäule über dem Vulkanschlot, aber diesen Anblick kannte Klaus schon, der seit Jahren Surfer in Indonesien von Spot zu Spot schippert, kein Grund zur Sorge also. Auf den Flanken des Vulkans war allerdings auch klar zu erkennen, dass der Berg mehr kann als nur Rauch spucken. Der Erdboden war übersät mit schwarzen Gesteinsbrocken, die hier vom Himmel gefallen sein mussten. Manche nur faustgroß, andere erreichten locker die Dimensionen eines Kühlschranks und hatten beim Aufprall tiefe Krater in die Erde geschlagen. Ob das schon vor einem Jahrzehnt oder erst vor zehn Tagen geschehen war? Wer weiß.
Es geschah, als die kleine Gruppe Surfer die vollkommen vegetationslose Geröllwüste unterhalb des steilen Vulkankegels erreicht hatte: Der Knall einer Explosion, Brocken fliegen aus dem Schlot, Panik, alle drehen sich um und rennen! Klaus kommt nur wenige Meter weit. „Wenn ich nicht sehe, was kommt, kann ich auch nicht ausweichen“, schießt ihm durch den Kopf. Also zwingt er sich, stehen zu bleiben und sich umzudrehen. Er sieht Steine fliegen, aber keiner kommt ihm gefährlich nah. Glück gehabt!

Aber nicht nur Vulkane sind launisch. Manchmal sind es auch Erdbeben, der härteste Wipeout deines Lebens oder eine scharfe Koralle, die dir plötzlich einen Kampf ums Überleben bescheren, obwohl der Tag so gemütlich angefangen hat.

Die Natur kann zum Albtraum werden – sei bereit, wenn es soweit ist.

RISIKOZUSCHLAG

Surftrips, auf denen mehr passieren kann, als du denkst.

Java, Sumatra oder Mentawais

Indonesien zählt zu den erdbebenreichsten Gebieten des Planeten. Alleine 2010 bebte die Erde hier drei Mal mit einer Stärke von 7.2 bis 7.8 auf der Richterskala – so stark, dass selbst massive Gebäude einstürzten. Seit 2000 kam es sogar zu 15 schweren Erdbeben. Das Epizentrum lag meist im Sundagraben direkt vor den beiden Inseln Java und Sumatra, die daher besonders bedroht sind. Die Stadt Padang auf Sumatra, von der viele Boattrips Richtung Mentawais starten, wurde im September 2009 so schwer getroffen, dass über 1000 Menschen starben. Tsunamis sind eine weitere Bedrohung, die oft von Erdbeben ausgelöst werden. Wie erst im Oktober 2010, als ein Surfcharterboot durch einen Tsunami von seinem Ankerplatz vor einer Insel der Mentawais direkt in den Dschungel gespült wurde.

Karibik oder Florida

Sechs Hurrikans ziehen hier jedes Jahr eine Spur der Verwüstung – statistisch. Manchmal sind es weniger, manchmal auch mehr, wie 2005, als insgesamt 15 Hurrikans in der Karibik wüteten. Vier davon wurden sogar als Wirbelstürme der höchsten Kategorie 5 eingestuft. Wenn so ein Sturm mit Windgeschwindigkeiten von über 250 km/h auf Land trifft, werden Straßen überflutet, Schiffe aus den Häfen in die Städte gespült und ganze Häuser dem Erdboden gleichgemacht. Die größte Wahrscheinlichkeit, einem Hurrikan zu begegnen, ist auf Puerto Rico gegeben. Danach folgen die Dominikanische Republik, Kuba, die Bahamas und die Südspitze Floridas. Wobei es aber auch schon auf Barbados oder Jamaika zu verheerenden Verwüstungen kam, nur eben seltener. Am gefährlichsten ist immer der September, über ein Drittel aller Hurrikans schlägt in diesem Monat zu, gefolgt von August und Oktober mit je einem Fünftel aller Wirbelstürme. Offiziell geht die Hurrikansaison nur vom 1. Juni bis zum 30. November. Eine Sicherheitsgarantie für die restlichen Monate ist das allerdings nicht, 1955 schlug Hurrikan Alice schon Anfang Januar auf den Inseln der Kleinen Antillen im Süden der Karibik zu.

Japan

Wer einen Surftrip nach Japan unternimmt, sollte sich von Tokio fernhalten. Denn in den nächsten 50 Jahren wird Tokio mit neunzigprozentiger Wahrscheinlichkeit durch ein Erdbeben der Stärke 7 zerstört. So lautete zumindest 2004 die Prognose eines japanischen Wissenschaftlerteams, das die Erdbeben der letzten 120 Jahre in Japan untersucht und so die Wahrscheinlichkeit für das nächste große Beben errechnet hat. Daran hat auch die Katastrophe Mitte März 2011 nichts geändert, da dieses verheerende Erdbeben und der dadurch ausgelöste Tsunami von einer anderen Störungszone ausgingen.

Kalifornien

Auch hier steht ein „Big One“ bevor. Bis 2038 liegt die Wahrscheinlichkeit für ein schweres Erdbeben der Stärke 6.7 bei 99.7 Prozent, hat das südkalifornische Erdbebenzentrum errechnet. Die Wahrscheinlichkeit für ein noch schwereres Beben der Stärke 7.5 oder mehr liegt bei 46 Prozent. Ursache sind die zahlreichen geologischen Störungen im Untergrund Kaliforniens. Die Forscher vergleichen den Zustand mit einer gesprungenen Glasscheibe, durch die sich etliche Risse ziehen. Eine dieser Störungen, der San-Andreas-Graben, verursacht eigentlich alle 150 Jahre ein äußerst schweres Erdbeben. Tatsächlich ist das aber seit 300 Jahren nicht mehr passiert – es ist also mehr als überfällig.

Zu 100 Prozent sicher ist dagegen, dass in Kalifornien jedes Jahr zwischen Juli und Oktober die Wälder brennen. Vor allem wenn im Herbst die Santa-Ana-Winde mit Böen von über 140 km/h die Brände aufpeitschen, verwandeln sich Teile Kaliforniens in eine wahre Feuerhölle, werden in manchen Jahren Tausende Häuser Opfer der Flammen und müssen ganze Städte evakuiert werden.

Chile

1960 kam es hier zu einem Erdbeben, das den Wert 9.5 auf der Richterskala erreichte: der stärkste je gemessene Erdstoß. Keine Ausnahme in dieser Region: Ein paar der weltweit schwersten Erdstöße trafen Chile, wie etwa im Februar 2010, als ein Beben der Stärke 8.8 unzählige Häuser einstürzen ließ, einen Tsunami auslöste, die Stromversorgung flächendeckend lahmlegte und das Land tagelang ins Chaos stürzte. Durch die Bewegungen der Erdplatten wurden sogar ganze Ortschaften verschoben. So befindet sich die Stadt Concepción, die nahe des Epizentrums lag, nach dem Beben etwa drei Meter weiter westlich als zuvor. Manche Forscher gehen davon aus, dass sich die Erdkruste durch das große Erdbeben 2010 nicht entspannt hat und das Potenzial für weitere schwere Erdbeben nicht geringer geworden, sondern eher gewachsen ist.

INFERNOTAKTIK

„Mich erwischt es schon nicht", denkst du. Doch was, wenn du dich irrst?

Erdbeben

Worum geht's: Tief unter der Erde lösen sich lang aufgebaute Spannungen und lassen den Boden wackeln. Oft schwanken nur Lampen, seltener fallen Bücher oder Geschirr aus den Schränken, manchmal ist es unmöglich, sich auf den Beinen zu halten. Ab einem Beben der Stärke 5 bis 6 kommt es zu Schäden an Gebäuden, die dabei freigesetzte Energie ist mit der Explosion der Hiroshima-Atombombe vergleichbar. Circa 800 solcher Beben gibt es jährlich. Zum Glück übersteigt nur einmal im Jahr ein Erdstoß den Wert 8 und setzt Energien frei, die 1200 Atombomben entsprechen.

Bloß nicht: Kopflos ins Freie rennen. Denn nicht Erdbeben töten, sondern die Trümmer von berstenden Glasscheiben oder einstürzenden Mauern.

Besser: Unter einen Tisch kauern und den Kopf mit den Armen schützen. Im Freien Abstand von Häusern, Strommasten oder ähnlichem halten.

Tsunami

Worum geht's: Zuerst zieht sich das Meer zurück, dann trifft das Unheil entweder in Form einer brechenden Welle oder als rasend schneller Anstieg des Meeresspiegels ein. Selbst nur zwei Meter hohe Tsunamis können dabei hunderte Meter ins Landesinnere vordringen.

Bloß nicht: Am Strand warten, bis das Meer zurückkommt. Ein Tsunami schlägt blitzschnell zu, überflutet in wenigen Augenblicken Häuser und verwandelt Straßen in reißende Flüsse.

Auch nicht: Denken, dass die Gefahr nach der ersten Welle vorbei ist, meist folgen mehrere aufeinander.

Besser: Rennen! Weg von der Küste, hin zum höchsten Punkt in der Umgebung – notfalls auch auf die Dachterrasse des nächsten Hotelbunkers. Hellhörig werden, wenn plötzlich Dutzende Kakerlaken aus den Ritzen kriechen oder Elefanten versuchen, sich loszureißen. Zwar ist wissenschaftlich nicht erwiesen, dass Tiere einen drohenden Tsunami spüren, dennoch legen etliche Augenzeugenberichte den Verdacht nahe. Moderner ist die Tsunamiwarnung per SMS: Einfach unter www.tsunami-alarm-system.com anmelden und im Urlaub das Handy niemals ausschalten.

Hurrikan

Worum geht's: Schon ein Hurrikan der Kategorie 2 knickt mit Windgeschwindigkeiten von etwa 160 km/h Bäume um, deckt Häuser ab, wirft Autos um und verwandelt Dachziegel, Fahrräder oder Zaunlatten in tödliche Geschosse. Die Böen eines Hurrikans der Kategorie 5 blasen mit über 300 km/h ganze Häuser weg.

Bloß nicht: Das Eintreffen des Sturms am Strand beobachten. Denn gefährlicher als die extremen Windböen sind die meterhohen Flutwellen, die ein Hurrikan vor sich herschiebt. Neun von zehn Hurrikanopfern ertrinken.

Besser: Ins Landesinnere fliehen und sich in einem fensterlosen Raum verschanzen. Zum Glück treten Wirbelstürme niemals überraschend auf. Wenn Gefahr droht, erfährt wirklich jeder – egal ob Tourist oder Einheimischer – rechtzeitig davon.

Vulkan

Worum geht's: 1000 Grad heiße Glutwolken, die mit 800 km/h die Vulkanflanken hinabrasen, rot glühende Lavaflüsse, Ascheregen und vulkanische Bomben: tonnenschwere Gesteinsbrocken, die vom Himmel fallen.

Bloß nicht: Zeit vergeuden.

Besser: Fliehen! Nichts auf der Welt hält den Kräften eines entfesselten Vulkans stand.

Waldbrände

Worum geht's: Temperaturen von 800 bis weit über 1000 Grad und bis zu 50 Meter hohe Flammenwände, die sich mit 10 bis 20 km/h durch Wälder fressen und dabei auch Flüsse oder Straßen überspringen.

Bloß nicht: Ohne Plan und Ziel versuchen, zu Fuß zu entkommen. Zu groß ist die Gefahr, von den Flammen eingeholt zu werden. „Don't run for your life, because you often run straight into death", lautet eine Weisheit unter den Feuerbekämpfern Australiens.

Besser: Im Haus bleiben. Oft wandert eine Feuerfront so schnell über ein Gebäude hinweg, dass man im Inneren verschont bleibt. Selbst in einem Auto ist es sicherer als zu Fuß zu flüchten. Den Wagen frontal auf das Feuer richten, die Lüftung schließen und sich im Fußraum zusammenkauern – anders als im Film explodieren Autos in Wirklichkeit nicht. Wer zu Fuß überrascht wird, kann sich nur mit dem Gesicht nach unten flach auf den Boden – wenn möglich auf eine Straße – legen und das Beste hoffen.

KATASTROPHENREAKTION

Mehr als nur Glück oder Pech entscheidet darüber, ob du eine Katastrophe überlebst oder nicht.

Gehirnlose Kräfte

Im Angesicht der Gefahr wird Adrenalin ausgeschüttet, Blut in die Muskeln gepumpt und die Atmung beschleunigt. Kurz: Der Körper schaltet seinen Turbolader ein und ist bereit, im Kampf übermenschliche Kräfte freizusetzen oder schneller zu sprinten als jemals zuvor. Perfekt wenn es gilt, sich gegen einen wütenden Bären zu wehren, eher schlecht wenn es darum geht, den Weg aus einem brennenden Haus zu finden. Denn logisches Denken funktioniert in diesem Zustand kaum mehr.

Tödliche Starre

Es passiert bei jedem größeren Unglück: Menschen, die scheinbar teilnahmslos mitten im Chaos sitzen und nicht einmal versuchen, das sinkende Schiff oder den brennenden Club zu verlassen. Sie erdulden ihr Schicksal, unfähig es selbst in die Hand zu nehmen. Wahrscheinlich ist auch dieses Verhalten in unseren Genen vorprogrammiert. Für unsere Vorfahren mag es sinnvoll gewesen sein, sich vor einem Raubtier auf den Boden zu werfen und tot zu stellen. Wenn wir heute unter so großen Stress geraten, dass wir uns nicht mehr zu helfen wissen, kann es sein, dass unser Gehirn diese uralten Verhaltensmuster abruft – im schlimmsten Fall bleiben wir dann auf den Gleisen vor einem heranrasenden Zug stehen, statt einfach einen Meter zur Seite zu springen.

Schlaue Schritte

„Atmen, planen, handeln", lautet der Drei-Schritte-Überlebensplan. Wer sich zwingt, langsam zu atmen, wird schlagartig ruhiger und schiebt aufkommende Panik in weite Ferne. Dann die eigene Situation bewusst machen. Etwa: Mein Schiff geht unter! Und einen Plan machen, was zu tun ist. Dabei aber in kleinen Schritten planen, also nicht „Ich muss mich retten", sondern „Ich suche eine Treppe", dann „Ich gehe an Deck", „Ich suche ein Rettungsboot"... Wer sich zwingt, so zu planen, muss logisch denken und unterdrückt weiterhin jegliche Panik. Dann nur noch dem Plan Schritt für Schritt folgen.

STRAHLENSCHUTZ

Die Sonne wärmt dich, wenn du frierst, doch wenn du nicht aufpasst, macht sie dein Leben zur Hölle auf Erden.

Eine Lektion, die zwei Surfer aus Deutschland keine 24 Stunden nach der Landung auf der Karibikinsel Isla Margarita am eigenen Leib erfahren mussten. Nichts schien logischer, als sich nach dem Flug zum Sonnetanken an den Strand zu legen – in der Mittagszeit. Eine Idee, die bei den meisten Mitarbeitern des deutschen Bundesamts für Strahlenschutz wohl eher ungläubiges Kopfschütteln verursachen würde. Dort lauten die Empfehlungen für einen Ort in Äquatornähe folgendermaßen: **In den Mittagsstunden möglichst nicht im Freien aufhalten, Schatten suchen, T-Shirt, Sonnencreme sowie Hut sind unerlässlich.**

Die beiden Freunde trugen wenigstens Sonnencreme auf, bevor sie sich in die pralle Sonne legten. Der Schutzfaktor 2 war aber eindeutig zu gering für das zweistündige Sonnenbad. Denn am Abend waren das leichte Brennen und der nicht mehr ganz gesunde Hautton kaum mehr zu ignorieren. Egal, einen Sonnenbrand hat jeder schon erlebt – was sollte groß passieren? **Was dann aber folgte, waren Schmerzen bisher unbekannten Ausmaßes, die mit einem spitzen Schrei am nächsten Morgen begannen.**

Einer der Gepeinigten hatte es vom Bett zum Fenster geschafft und den Vorhang ein kleines Stück zurückgezogen. Ein Fehler: Kaum traf der erste Sonnenstrahl auf ein Fleckchen Haut, rollte eine Welle des Schmerzes durch den Körper und entlud sich durch den weit aufgerissenen Mund. Gefühlt entsprach jeder Sonnenstrahl auf der Haut einem Spritzer kochenden Wassers. Der einzige Ausweg waren drei Tage im Dunkeln hinter geschlossenen Vorhängen zu verbringen, und selbst dort glühte ihre Haut so stark, dass die Jungs ein Stück Butter auf ihrer Stirn hätten schmelzen können.

Ein Martyrium, so unangenehm wie unnötig, hätten die beiden nur ein paar Tipps berücksichtigt:

Die Sonnencreme mit dem Schutzfaktor 2 hätte vielleicht an einem Frühlingstag an der Nordsee ausgereicht, niemals aber an einem Karibikstrand. Grund ist der UV-Index, eine weltweit gültige Skala, die angibt, mit welcher Kraft die Sonne auf uns Menschen herunterbrennt. An einem Wintertag in Deutschland erreicht der Index einen Wert von 1 oder 2, was als absolut ungefährlich gilt. Im deutschen Sommer ist auch eine 8 auf der Skala möglich; dann ist vom Sonnenbaden in der Mittagszeit eigentlich abzuraten und **ein Sonnenschutzfaktor von mindestens 15 Pflicht.** In der Karibik werden aber UV-Werte jenseits der 11 oder 12 erreicht – die Sonne wird zum Feind, gegen den es kein Mittel gibt.

Denn **jeder Sonnenschutz hat seine Grenzen,** und kein Produkt schützt zu 100 Prozent. In der EU ist inzwischen die Bezeichnung „Sunblocker“ verboten, in den USA „All Day Protection“. Beide sind irreführend, denn kein Mensch kann sorgenfrei von morgens bis abends in der Sonne liegen, egal welche Sonnencreme er verwendet.

Ebenso schützt eine Creme mit dem Faktor 30 nicht doppelt so gut wie eine mit dem Faktor 15. Tatsächlich blockt der Faktor 10 90 Prozent der Sonnenstrahlung, Faktor 15 93 Prozent und Faktor 30 97 Prozent. Selbst Faktor 50 bietet mit 98 Prozent kaum mehr Schutz. Wie lange die Creme allerdings vor Sonnenbrand bewahrt, hängt am meisten vom eigenen Hauttyp ab.

Auch ein weißes T-Shirt bietet nur den Sonnenschutzfaktor 10 – lässt also noch zehn Prozent der Strahlen durch. Im Schatten einer Palme sieht es noch schlechter aus, hier brennen die Sonnenstrahlen noch mit halber Kraft auf den Körper ein. Selbst tief in der Tube gibt es keine Verschnaufpause im Kampf gegen die Sonne: Durch das dünne Wasserdach dringen die Strahlen ebenfalls noch mit halber Kraft.

Für Surfer interessant ist auch die Bezeichnung „wasserfest“. Laut Definition reicht es aus, dass eine Creme nach 40 Minuten im Wasser noch 50 Prozent ihrer Schutzwirkung entfaltet, um sich wasserfest nennen zu dürfen. Doch was ist nach einer zweistündigen Surfsession noch übrig?

Und **Sonnencremes haben ein Verfallsdatum**, genau wie Lebensmittel! Lieber jede Saison Nachschub holen.

Beim Kauf darauf achten, dass die Sonnencreme neben UVA- und UVB-Filtern auch über **Mikropigmente aus Titandioxid und Zinkoxid** verfügt, die Sonnenstrahlen reflektieren und so erst gar nicht an die Haut lassen.

FROSTSCHUTZ

Es lag schon über zwei Monate zurück, seit Eric Soderquist Anfang Oktober in seinen alten VW Bus, Baujahr 1978, geklettert und in den Surftrip gestartet war, von dem er seit seiner Kindheit träumte: Ohne Zeitlimit und ohne festes Ziel von der Nordgrenze Kaliforniens 1.300 Kilometer Richtung Süden bis zur Grenze Mexikos. Nicht alles lief wie geplant:

„Anfang Dezember an einem Spot zwischen San Francisco und der Halfmoon Bay sahen die Wellen verlockend aus. Aber es war so verdammt kalt - der kälteste Tag, seitdem ich unterwegs war. Egal, ich versuchte trotzdem zu surfen. Kaum im Wasser, tat mir alles weh. Der Kopf, meine Hände und meine Füße auch, zumindest solange ich sie spürte. Nach 15 Minuten war Schluss, ich musste an Land. Doch da fingen die Probleme erst an. Vor der Türe des Busses wollten mir meine Hände einfach nicht mehr gehorchen. **Hilflos stand ich da, nass, zitternd und unfähig, das Schloss zu öffnen. Ich sah keine andere Lösung, als irgendeinen wildfremden Spaziergänger zu bitten, mir aufzusperren.** Danach zeigte ich dem Fremden noch, wie er den Kocher anmacht und Wasser aufsetzt. Kurze Zeit später, als ich mir das heiße Wasser über den Wetsuit laufen ließ, ging es mir endlich besser."

Doch was hilft, wenn der Swell des Jahres auf die Küste trifft, während das Thermometer nicht über fünf Grad klettern will?

An warmen Tagen reicht Islands Surfern ein 5/3 Wetsuit samt Booties. Wenn sie bei Schneefall und Temperaturen um den Gefrierpunkt ins Wasser springen, tragen sie den Gummi so dick wie nur möglich. Runar Omarsson, der Mitbegründer von Nikita, wohnt auf der Insel, die nicht weit entfernt von Grönland liegt, und weiß genau, worauf es bei einer eisigen Session ankommt:

Das Gesicht ist der einzige Punkt, der nicht unter Neopren zu verstecken ist. Hier hilft Vaseline. Ein Trick, mit dem sich auch Ärmelkanal-Schwimmer bei ihren stundenlangen Durchquerungen gegen die Kälte schützen.

Fast jeder unterschätzt den Faktor Wind Chill. An einem windstillen Tag können zehn Grad Wasser- und acht Grad Lufttemperatur angenehm sein. Bläst dazu aber ein heftiger Wind, ist es bitterkalt.

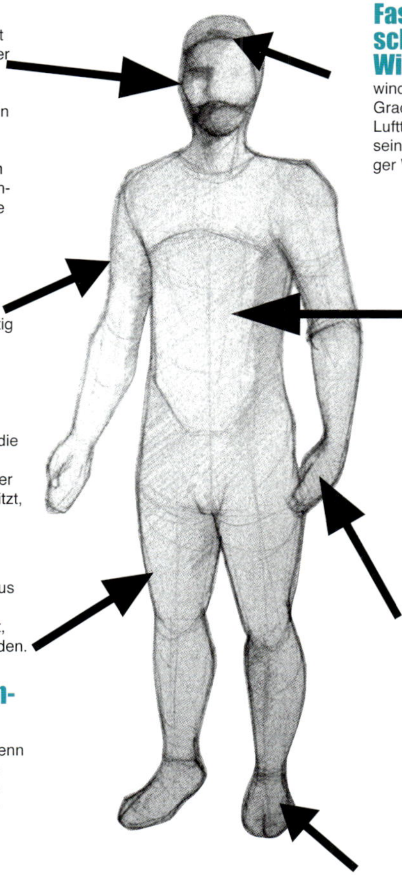

Nicht am Wetsuit sparen. Aber er muss auch passen. **Der dickste Anzug nützt wenig, wenn er eine Nummer zu groß ist.** Ansonsten ist eine integrierte Haube immer besser als eine separate. Als zusätzliche Schicht können außerdem dünne Neopren-Unterzieher wahre Wunder bewirken.

Vor der Session richtig aufwärmen und im Wasser **ständig in Bewegung bleiben.** Wer paddelt, heizt durch die Muskelarbeit seinen Körper von innen. Wer nur auf dem Board sitzt, kühlt aus.

Sobald das Gefühl aus Armen und Beinen schwindet, ist es Zeit, die Session zu beenden. Denn **mit dem Gefühl schwindet auch die Kraft.** Schlecht, wenn die gesamte Energie verbraucht, aber das Ufer noch 100 Meter entfernt ist.

Kälte tut weh. Allerdings nicht, wenn die Hände langsam taub werden, sondern erst später, wenn sie wieder auftauen. Dann möchte man vor Schmerzen am liebsten laut schreien. Mit Handschuhen vermeidbar – zumindest fast immer.

Die Füße sind immer ein kritischer Punkt, sie werden meist zuallererst kalt, und dann kommt das große Frieren. Sind Drei-Millimeter-Booties zu dünn, heißt es aufrüsten. Reichen selbst sieben Millimeter nicht aus, zusätzlich dünne Wollsocken darunter tragen.

WACHSTUMSSORGEN

Wenn du in einer lauten Bar kein Wort mehr verstehst und deinen Kumpels nur noch von den Lippen ablesen kannst, ist es höchste Zeit zum Arzt zu gehen. Denn du könntest das nächste Opfer des gefürchteten Surfer's Ear sein. Eine schleichende Gefahr, die die Knochen deiner Gehörgänge ganz langsam wuchern lässt, bis sie wie eine Tropfsteinhöhle aussehen oder sogar fast vollkommen zuwachsen. Doch was kannst du gegen den drohenden Hörverlust unternehmen?

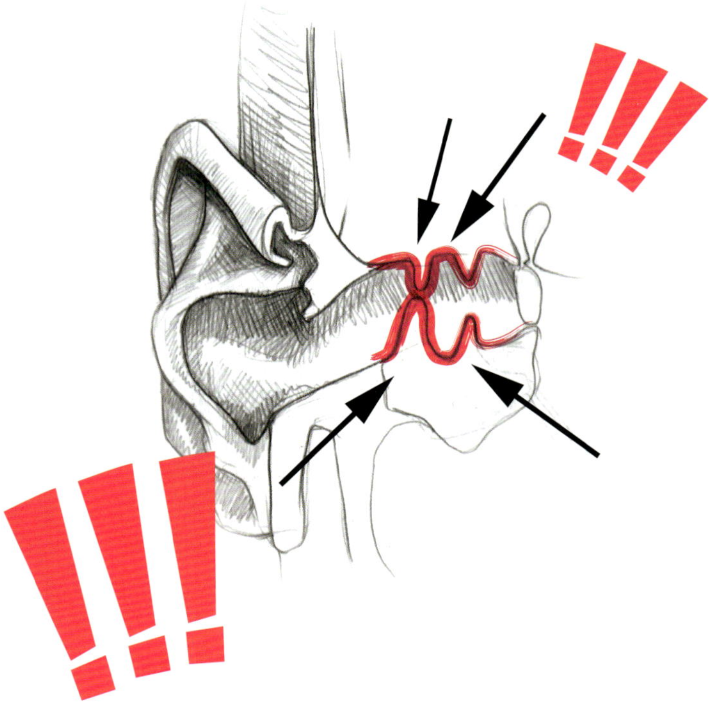

Nur in den Tropen surfen. Denn der Auslöser des Surfer's Ears ist die Kälte, der sich Surfer in unseren Breiten über die Jahre aussetzen. Der Körper reagiert auf diesen Angriff der Elemente in Form von Wind Chill und eiskaltem Wasser eben mit dem unerwünschten Knochenwachstum. In den Tropen ist das Leiden daher praktisch unbekannt.

Ohrstöpsel tragen. Sie verhindern das Eindringen von Wasser in den Gehörgang und werden inzwischen von etlichen Firmen speziell für Surfer hergestellt. Wenn es wirklich kalt und windig ist, hilft eine Haube zusätzlich gegen den Wind Chill.

Zum Arzt gehen, wenn du nach einer Surfsession ständig das Gefühl hast, dass du die letzten paar Wassertropfen einfach nicht aus deinen Ohren bekommst: eines der typischen Indizien für ein Surfer's Ear. In so einem Fall greift ein Arzt meist zum Bohrer und fräßt den Gehörgang wieder frei. Es gibt allerdings auch schwerere Fälle, bei denen die Ohren während der Operation vom Kopf weggeklappt und danach wieder angenäht werden müssen.

Nicht als Surfer alt werden. Denn laut einer klinischen Studie über Surfer im Baskenland nimmt die Wahrscheinlichkeit, unter einem Surfer's Ear zu leiden, mit den Jahren zu, die du den Sport betreibst. Die Ergebnisse der Mediziner aus San Sebastian zeigen, dass bei 86 Prozent aller untersuchten Wellenreiter, die schon länger als zehn Jahre surften, eine Knochenwucherung festzustellen war. Von allen Surfern, die noch kein Jahrzehnt auf dem Board standen, waren es nur 27 Prozent.

TEUFELSKREISLAUF

Strömungen können dein Freund sein, dich mühelos vom Strand in den Line Up ziehen oder dir nach einer Welle den Weg zurück durch den Channel erleichtern. Aber Strömungen können auch zu deinem größten Feind werden, wenn deine Leash gerissen ist, du versuchst, schwimmend den Strand zu erreichen und dich die Strömung vom rettenden Ufer Richtung offenes Meer zerrt – erbarmungslos, wieder und wieder, bis du am Ende deiner Kräfte bist.
Vor allem in engen Buchten droht Gefahr. Hier können Strömungen einen wahren Teufelskreislauf formen, den du verstehen musst, um ihm zu entkommen:

1 Der Line Up: Wer hier sein Board verliert, der muss den Weg Richtung Strand schwimmend antreten. Dabei nicht vor den anrollenden Weißwasserwalzen abtauchen, sondern deren Kraft nutzen und sich mitreißen lassen.

2 Das Ufer: Jetzt heißt es schnell sein und sich mit einer Walze bis auf den trockenen Sand spülen lassen. Wer das nicht schafft, wird mit einer Runde im Strömungskarussell bestraft. Denn hier prallen mit jeder Welle mehrere Tonnen Wasser auf den Strand und müssen auch wieder irgendwohin abfließen, meist auf's offene Meer hinaus.

3 Der Channel: Wer den Ausstieg verpasst hat, sieht den Strand von Sekunde zu Sekunde in weitere Ferne rücken. Gegen die Strömung zu kämpfen, ist sinnlos. So vergeudest du nur unnötig Energie. Selbst die besten Schwimmprofis würden ein Duell gegen eine starke Strömung verlieren. Zum Vergleich: Cesar Cielo hält seit 2009 den Weltrekord über 50-Meter-Freistil. Er kraulte die Strecke in 20.91 Sekunden, legte also knapp 2.40 Meter in einer Sekunde zurück. Strömungen werden aber oft mit Geschwindigkeiten von 2.5 bis 3 Metern pro Sekunde gemessen. Daher besser gar nicht erst kämpfen, sondern sich wieder in den Line Up treiben lassen und einen neuen Versuch starten.

4 Vom Strand aus ist es leicht zu erkennen, wie die Strömungen in einer Bucht verlaufen. Einmal im Wasser fehlt dir nämlich der Überblick dazu. Wo die Wellen brechen und die Walzen ans Ufer laufen, kommst auch du wieder leicht an den Strand. Wo das Meer dunkler und die Oberfläche ruhiger erscheint, strömt das Wasser vom Ufer weg. Manchmal ist an diesen Stellen sogar zu erkennen, wie der Sand vom Strand auf's Meer hinaus gespült wird.

SCHNITTFOLGEN

Der Wipeout sah nicht spektakulär aus. Der Surfer hatte nur Pech, dass ihn die Finne am rechten Bein erwischte und durch seine Haut schnitt. Die Wunde war nicht tief und nur zehn Zentimeter lang, eigentlich kein Grund zur Besorgnis. Der Surfer dachte nicht daran, sie zu desinfizieren, als er nach der Session über den Strand von Kuta ging und ihm dabei ein dünnes Rinnsal Blut über den Fuß lief.

Monate später erfuhr er, dass selbst kleinste Wunden im warmen Wasser der Tropen rasend schnell durch Bakterien infiziert werden. Tropenmediziner raten sogar, aufgekratzte Mückenstiche zu desinfizieren. Doch davon wusste er nichts, als er unter dem auf höchster Stufe laufenden Deckenventilator seines Bungalows einschlief. Der nächste Morgen war nicht schön: „Fieber, pochende Kopfschmerzen und eine Beule auf meinem Schienbein, bei deren Anblick ich dachte, mir wäre eine zweite Wade gewachsen – auf der falschen Seite meines Beins. Die Haut um den Schnitt war dunkelrot verfärbt und zum Zerreißen gespannt, jede noch so leichte Berührung jagte einen spitzen Schmerz durch meinen Körper, und meine Fiebertemperatur stieg fast stündlich", erinnert sich der deutsche Surfer. „Natürlich überlegte ich ins Krankenhaus zu fahren, aber der Rückflug war schon am nächsten Tag, und es war doch nur eine Entzündung – was sollte schon passieren? Die Nacht wälzte ich mich im Fieberdelirium auf meinem schweißnassen Laken herum, der Weg zum Flughafen verlief ganz gut, der Flug selbst wurde zum 20-stündigen Martyrium. Immer wieder sackte ich weg, in eine Welt voll wilder Fieberfantasien. Ich weiß nur noch, dass mein Sitznachbar sich über mein Abendessen hermachte. Beim Umsteigen in Frankfurt nahm ich die Menschenmassen um mich herum wie in Trance wahr, während ich im Rollstuhl von einem Terminal in den nächsten geschoben wurde. Zu Hause angekommen ließ ich mich direkt ins Krankenhaus fahren. Für die Ärzte war die Entzündung keine große Sache. Der Erreger wurde identifiziert, mit Antibiotika bekämpft und das gesamte verrottete Gewebe um die Wunde herum weggeschnitten. Zurück blieb ein Loch von der Größe eines Tennisballs. Doch kaum war das Fieber abgeklungen, kam der wirkliche Schock. „Mit Ihrem Herz stimmt etwas

nicht,“, sagte der Arzt, „die Herzklappen machen keinen guten Eindruck. Als wären sie von Bakterien befallen und angefressen.“ Die müssen wohl von der Infektion in meinem Bein auf das Herz übergesprungen sein, lautete die Theorie, die schnelles Handeln erforderte. „Sonst ist es zu spät“, meinte der Arzt, und so wurde mir sieben Tage nach dem kleinen Schnitt in Kuta Reef der Brustkorb geöffnet und ein Paar neue Herzklappen eingesetzt.“

Jeder Surfer wird sich irgendwann am Riff oder an den Finnen seines Boards schneiden. **Vor solchen Wunden ist niemand gefeit, wichtig ist nur, selbst die kleinste Verletzung ernst zu nehmen** – vor allem in den Tropen, denn je wärmer das Wasser, desto höher das Infektionsrisiko.

Wer einen Reefcut davongetragen hat, muss zuerst die Wunde reinigen: Mit literweise Wasser ausspülen, vielleicht sogar mit einer neuen Zahnbürste von Schmutz oder Sand gründlich reinigen. Sei ruhig brutal – wenn Blut fließt, schwemmt es Fremdkörper aus der Wunde. Danach desinfizieren: In Tahiti schwören die Locals auf frische Limetten, deren Saft sie in die Wunde träufeln. Etliche Surfer haben Betadine als Desinfektionsmittel im Gepäck, andere benutzen Chinese Medicine, das jede Apotheke in Bali verkauft. Egal welches Mittel du benutzt, nimm die Desinfektion ernst und zwar nicht nur einmal, sondern so lange, wie die Wunde offen ist. Falls sich der Cut trotzdem entzündet, das Gewebe anschwillt oder sich nur die Farbe verändert, dann gehe zum Arzt! Sofort, ohne zu zögern. Eine entzündete Wunde, die richtig behandelt wird, kann vielleicht deinen Trip ruinieren, eine unbehandelte Entzündung dein ganzes Leben!

CRASHKURS

Surfen ist eine Kunst – zu wissen, wann du wie am besten stürzt allerdings auch.

HAWAIIAN PULL OUT

Die Situation: Du rast auf deinem Board down the Line, vielleicht sogar tief in der Tube, da erkennst du, dass sich die lange Wall gleich in einen einzigen, riesigen Close Out verwandeln wird.

Die Lösung: Nichts kommt in dieser Situation an die Eleganz eines Hawaiian Pull Outs heran. Einfach einen harten Turn Richtung Wall fahren, gleichzeitig das Gewicht nach vorne verlagern, mit einer Hand das äußere Rail packen und in die Wasserwand eintauchen. Wenn alles klappt, tauchst du hinter dem Rücken der Welle wieder auf, während du noch das Donnern der aufschlagenden Wellenlippe hörst, der du gerade entkommen bist.

RETTUNGSSPRUNG

Die Situation: Die Wellen brechen hohl, aber keinesfalls beängstigend über deine Lieblings-Sandbank. Ein Tag, an dem du alle Manöver probieren kannst, von denen du schon lange träumst. Deine einzige Sorge ist, von deinem eigenen Board ausgeknockt zu werden.

Die Lösung: Ein gut ausgeführter Hechtsprung. Allerdings darfst du nicht steil eintauchen, wie etwa bei einem Köpfer vom Sprungturm, sonst schlägst du am Ende noch mit voller Wucht in der Sandbank ein. Besser möglichst flach die Wasseroberfläche durchbrechen, wie ein Profischwimmer nach dem Startsprung. Dabei aber nicht direkt vor der Nose deines Boards eintauchen, sondern seitlich wegspringen. Den Rest besorgt die Welle und reißt das Board so weit weg, wie es deine Leash zulässt.

SEESTERN

Die Situation: Du surfst über einem seichten Riff und willst auf gar keinen Fall testen, wie scharf die knapp unter der Wasseroberfläche lauernden Korallen oder Felsen wirklich sind.

Die Lösung: Mach den Seestern, auch wenn er dich große Überwindung kostet. Denn die meisten Surfer strecken bei einem Sturz ganz instinktiv ihre Arme wie bei einem Hechtsprung nach vorne aus. Etwa weil sie ihren Kopf schützen wollen oder um besser ins Wasser einzutauchen und so der Welle zu entkommen. Der Seestern funktioniert genau andersherum: Tauche nicht ein, sondern lasse dich flach – und möglichst auf den Rücken – auf die Wasseroberfläche fallen. Strecke dabei Arme und Beine seitlich vom Körper weg, wie bei einem Hampelmann. Auf diese Weise tauchst du so wenig wie möglich ins Wasser ein und kommst hoffentlich ohne Riffkontakt davon.

Wenn du danach über das Riff Richtung Channel paddelst und du per Duck Dive unter einer Welle durchtauchen musst, dann umfasse dein Board auf gar keinen Fall an den Rails. Du wärst nicht der Erste, der sich bei so einer Aktion acht Finger gleichzeitig aufschlitzt. Setze die Hände besser flach von oben auf dein Board und drücke es so nach unten.

FLUCHT NACH VORNE

Die Situation: Der Swell des Jahres ist angekommen, und du surfst eine der größten Wellen deines Lebens – leider läuft nicht alles so wie geplant und du weißt, dass dir gleich der Waschgang deines Lebens bevorsteht.

Die Lösung: Beim Big Wave Surfen geht es bei einem Wipeout von Anfang an um Schadensbegrenzung. Goldene Regel Nummer eins: Weiche unter allen Umständen der herabstürzenden Wellenlippe aus. Sollte sie dich mit voller Wucht treffen, könnte es dir mit einem Schlag die gesamte Luft aus der Lunge pressen. Goldene Regel Nummer zwei: Bleibe so lange wie möglich auf dem Board und warte, bis dich das Weißwasser einholt. Denn mit jedem Meter, den die Welle nach dem Brechen zurücklegt, verliert sie an Kraft. Das heißt: Je später dich das Weißwasser verschlingt, desto weniger hart fällt der Waschgang aus. Goldene Regel Nummer drei: Unter Wasser zu einem kleinen Ball zusammenrollen und dabei die Hände wie ein Boxer vor das Gesicht halten – nur für den Fall, dass du auf einen Felsen gespült wirst. Dann entspannen und abwarten, bis die Welle dich aus ihrem Griff entlässt. Aber auf keinen Fall gegen die Kraft des Wassers ankämpfen, das kostet nur Sauerstoff.

TIERISCHE GEGNER

Meistens sind Tiere deine besten Freunde, doch manchmal haben sie es auch auf dich abgesehen. Etwa wenn sie dich mit nur einem Stich ins Delirium schicken. So wie es dem englischen Surfer Daniel Burrows erging, dem eine kleine Mücke ein Nahtoderlebnis verschaffte. „Das Hostel in Papeete auf Tahiti war total überfüllt, schmutzig und ich wohnte auch noch direkt neben der Toilette. Jede Nacht fielen Schwärme von Mücken über mich her und mein einziger Schutz war mein Bettlaken, in das ich mich trotz der drückenden Hitze wie eine Mumie einwickelte. An Schlaf war kaum zu denken, also beschloss ich, den Standort zu wechseln und mein Zelt an einem der vielen einsamen Strände der Insel aufzuschlagen. Morgens wachte ich vom Geräusch der brechenden Wellen auf, sprang sofort ins Wasser und surfte bis ich nicht mehr paddeln konnte. So hatte ich mir Tahiti immer vorgestellt. Leider hielt die Idylle nur zwei Tage. Es begann mit rasenden Kopfschmerzen. Zunächst dachte ich, ich wäre von der Sonne und den vielen Surfsessions lediglich etwas dehydriert, aber das war ein Irrtum. Schon am nächsten Morgen war ich unfähig, mich auch nur von meiner Isomatte zu erheben. Abwechselnd quälten mich Schüttelfrost und Fieberanfälle, ich bekam Halluzinationen, und irgendwann waren meine Kopfschmerzen so unerträglich, dass ich mir wünschte, tot zu sein. Am fünften Tag wachte ich auf und starrte ungläubig an mir herunter: Meine Arme und Beine waren lila angelaufen und mein ganzer Körper angeschwollen wie ein Ballon. Mit letzter Kraft schleppte ich mich zur nächsten Straße, wo mich ein Local auflas, auf die Fläche seines Pick Ups hievte und vor dem französischen Militärkrankenhaus ablud. Ich verlor immer wieder das Bewusstsein und erinnere mich nur noch an die grellen Lichter der Intensivstation. Die Ärzte diagnostizierten Dengue-Fieber und meinten, dass ich noch einmal Glück gehabt hätte - wäre ich einen Tag später ins Krankenhaus gekommen, hätten sie nichts mehr für mich tun können. Als ich nach zwei Wochen zu meinem Zelt zurückkehrte, war mir ganz egal, dass jemand meine Klamotten gestohlen hatte. Mein Surfboard war ja noch da, auch wenn es einen ganzen Monat dauerte, ehe ich wieder genug Kraft für eine Session hatte.“

Mücken können dich mit Dengue-Fieber oder Malaria-Erregern außer Gefecht setzen, andere Tiere benutzen Gift, das deine Muskeln lähmt, oder schneiden mit ihren Zähnen durch deine Haut wie ein heißes Messer durch Butter.

Die Tierwelt steckt voller Gegner - bleib Sieger im ungleichen Duell.

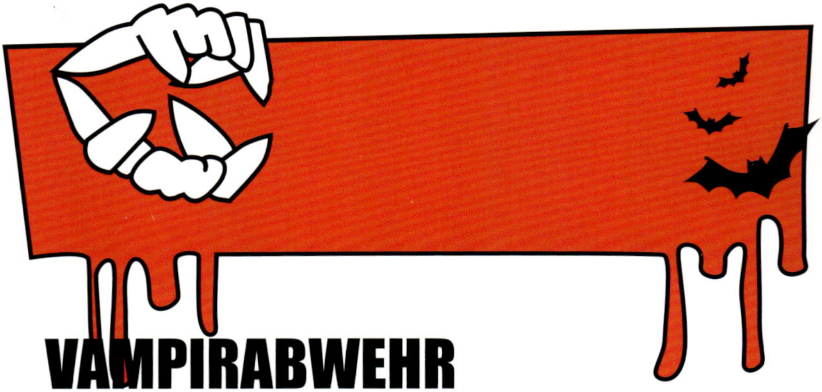

VAMPIRABWEHR

Die Anophelesmücke ist kaum größer als ein 5 Cent-Stück und trotzdem eines der gefährlichsten Tiere der Welt. Sie überträgt die Tropenkrankheit Malaria, an der jedes Jahr rund eine Million Menschen sterben. Wir* zeigen, wie du dich auch in der entlegensten Ecke Indonesiens vor den kleinen Blutsaugern schützen kannst.

Malaria Chemoprophylaxe

Das schwerste Geschütz im Kampf gegen die Krankheit. Schon vor der Abreise musst du die Anti-Malaria-Tabletten einnehmen und – je nach Medikament – auch noch einige Tage beziehungsweise Wochen nach der Rückkehr. Sie sorgen dafür, dass im Falle einer Infektion die Malariaerreger im menschlichen Blut abgetötet werden. Empfohlen ist diese Prophylaxe bei Aufenthalten in Malariagebiete mit hohem Übertragungspotential, wie zum Beispiel in Lombok, Madagaskar oder auf den Salomonen. Manche Wirkstoffe können die räumliche Orientierung beeinträchtigen, sind also für einen Surftrip eher ungeeignet. Allerdings gibt es eine Reihe verschiedener Medikamente mit jeweils unterschiedlichen Nebenwirkungen. Also den Arzt darauf hinweisen, dass du Sportler bist.

Standby-Therapie

In diesem Fall hast du ein Notfallmedikament dabei, das nur bei malariaverdächtigen Symptomen (z.B. Fieber, schweres Krankheitsgefühl, Kopf- und Gliederschmerzen, die mindestens fünf Tage nach Aufenthalt in einem Malariagebiet auftreten) zur Selbstbehandlung eingesetzt werden kann. Die Einnahme dieses Medikaments sollte jedoch nur dann erfolgen, wenn kein Arzt innerhalb von 24 Stunden nach Beginn der Beschwerden erreichbar ist und keine Gegenanzeigen vorliegen (Packungsbeilage beachten!). Die Mitnahme dieses Medikamentes wird bei sehr kurzen Aufenthalten (zum Beispiel wenige Stunden) in Gebieten mit hohem Malariarisiko oder bei längeren Aufenthalten in Regionen mit mittlerem oder geringem Malariarisiko empfohlen.

Mückenschutzmittel

Am besten wirken Chemiekeulen wie DEET- (Diethyloluamid) oder Icaridin-Produkte, aber sie können die Haut reizen und in wenigen Fällen sogar das Nervensystem beeinträchtigen. Oft gut verträglich sind Mückenschutzmittel, die auf natürlichen Wirkstoffen wie Eukalyptusöl, Teebaumöl oder Zedernöl basieren. Ufernah können sich Mücken auch auf das Wasser oder ein Boot verirren – wer daher wirklich sicher gehen will, greift zu wasserfester Sonnencreme mit integriertem Mückenschutz.

Klimaanlage

Die meisten Mücken hassen Kälte! In einem klimatisierten Hotelzimmer bist du deshalb relativ sicher vor ihnen.

Mückennetz

Wer auf einen Low Budget-Trip ohne klimatisierte Hotels geht, kann nicht darauf verzichten. Laut der Weltgesundheitsorganisation (WHO) ist das perfekte Mückennetz mit Anti-Mückenmittel imprägniert, besteht aus Kunststoff und hat eine Maschengröße von zwei Millimetern – so zirkuliert die Luft am besten und die Malariamücke kann nicht in den Netz-Innenraum eindringen.

Mückenstecker

Wir waren skeptisch, aber unsere Expertin hat sehr gute Erfahrungen damit gemacht! Die Geräte erzeugen einen Ultraschallton, der den Klang einer fliegenden männlichen Mücke nachahmt und somit die weiblichen Stechmücken fernhält. Den Stecker so nah wie möglich am Schlafplatz anbringen!

Knoblauch

Indo-Experte und Pro-Surfer Timmy Turner vertraut diesem Hausmittel: „Es macht dein Blut für Mücken ungenießbar. Einziger Nachteil: Deine Freunde werden dich meiden.“ Tropenmediziner halten von diesem natürlichen Mückenschutz wenig, denn was bei der einen Mücke hilft, ist bei der anderen oft völlig wirkungslos.

* Expertenrat holten wir uns von der Tropenmedizinerin Dr. Susanne Pechel, die auf der nächsten Seite zudem erklärt, wie gefährlich Malaria wirklich ist.

Nachgefragt

Wie gefährlich ist Malaria wirklich?

Tropenmedizinerin Dr. Susanne Pechel weiß, was bei einer Ansteckung in deinem Körper passiert und welche Tropenkrankheit dir außerdem gefährlich werden kann.

„Was viele nicht wissen: Die Malariaerreger werden nur durch den Stich der weiblichen Malariamücke auf den Menschen übertragen. Nach kurzer Zeit befallen sie die Leberzellen. Dort vermehren sich die Erreger so lange, bis die Zelle platzt und zigtausende Erreger in die Blutbahn spült. In der Blutbahn befallen sie die roten Blutkörperchen, vermehren sich in ihnen und bringen sie ebenfalls zum Platzen. Bei diesem Vorgang werden wieder viele Parasiten frei, die wiederum neue rote Blutkörperchen befallen. Zu diesem Zeitpunkt – im frühesten Fall ab dem sechsten Tag nach der Infektion – setzen die ersten Krankheitssymptome ein: zum Beispiel Fieber, Schüttelfrost, Kopf- und Gliederschmerzen.

Von einer Grippe ist die Malaria auf den ersten Blick leider nicht zu unterscheiden. Dies ist nur durch Blutuntersuchungen möglich, die Parasiten oder Parasitenbestandteile nachweisen. Daher gilt grundsätzlich: Jedes Fieber in einem Risikogebiet ist malariaverdächtig, und man sollte so schnell wie möglich zum Arzt – nur er kann eine zuverlässige Diagnose stellen und entweder Entwarnung geben oder dich behandeln. Schnelltests zum Mitnehmen erscheinen zwar praktisch, können aber beim kleinsten Fehler in der Handhabung zu falschen Ergebnissen führen. Das kann im Fall einer Infektion mit dem Erreger der Malaria tropica verheerende Folgen haben: Denn ohne Behandlung verläuft die Malaria tropica bei nichtimmunen Europäern häufig tödlich. Der Grund: Die befallenen Blutkörperchen verklumpen, setzen sich an den Gefäßwänden fest und bewirken so eine Störung der Sauerstoff- und Nährstoffversorgung im betroffenen Organ. Daraus können unter anderem Krampfanfälle, Bewusstseinsstörungen, Leber- und Milzschwellungen, Lungenödeme, Nierenversagen und Koma resultieren. Malaria tropica ist die gefährlichste Malariaform und kommt in den meisten Risikogebieten vor.

Seltener und harmloser sind die anderen Malariaformen, wie die Malaria tertiana und quartana, da hier bedeutend weniger rote Blutkörperchen befallen werden. Daher ist der Krankheitsverlauf nicht so schwer – es kommt zwar alle drei beziehungsweise vier Tage zu heftigen Fieberschüben, aber die Infektion verläuft meist ohne Komplikationen. Allerdings können beide Malariaformen selbst nach Monaten oder Jahren immer wieder ausbrechen, da manchmal Erreger in den Leberzellen zurückbleiben, die nach einer Art „Ruhepause“ erneut aktiv werden.

90 Prozent aller Malariainfektionen treten in Afrika, südlich der Sahara auf, aber auch die Westküste beinhaltet viele Hochrisikogebiete. Weltweit wird zwischen Regionen mit geringem, mittlerem und hohem Malariarisiko unterschieden, wobei es regional erhebliche Unterschiede geben kann. Auch die Jahreszeit spielt eine entscheidende Rolle. Generell ist das Ansteckungsrisiko während und nach der Regenzeit größer, da der Regen die Brutbedingungen für die Mücken begünstigt, die in stehenden Gewässern ihre Larven ablegen. Das bedeutet eine Zunahme der Mückenpopulationen, was wiederum zu einem erhöhten Übertragungsrisiko führt. Wo und wann das Malariarisiko wie groß ist, lässt sich aber ganz einfach auf www.fit-for-travel.de herausfinden.

Zwar sticht die Anophelesmücke überwiegend in der Dämmerung und nachts zu, tagsüber lauern dafür andere Gefahren. Zum Beispiel die Tigermücke. Sie ist tagaktiv und überträgt u.a. das Dengue-Fieber, eine Tropenkrankheit, die vor allem in weiten Teilen Süd- und Südostasiens, aber auch in Lateinamerika weit verbreitet ist. Neben Fieber zählen heftige Muskel- und Gelenkschmerzen zu den Symptomen, deshalb ist oft auch vom Knochenbrecherfieber die Rede. Im Rahmen der Erkrankung kann es zu schweren, zum Teil tödlichen Verlaufsformen kommen, die im Regelfall nur bei wiederholter Infektion und somit bei Reisenden sehr selten beobachtet werden. Der wirksamste Schutz gegen Malaria und Dengue-Fieber bleibt aber immer noch: Lass dich nicht stechen!“

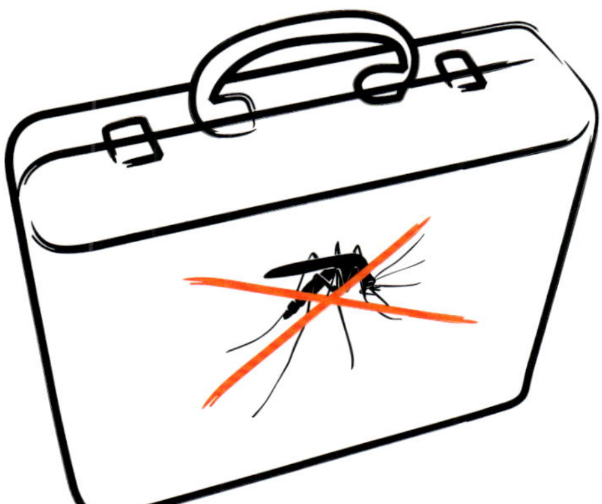

WELTKARTE DER HAIANGRIFFE

64 Haiangriffe ereignen sich durchschnittlich pro Jahr. Fünf davon enden tödlich. Das Risiko, selbst zum Opfer zu werden, liegt bei 1 zu 265 Millionen und ist damit weit unwahrscheinlicher als sechs Richtige mit Superzahl im Lotto (1 zu 140 Millionen). Manche Spots sind allerdings gefährlicher als andere.

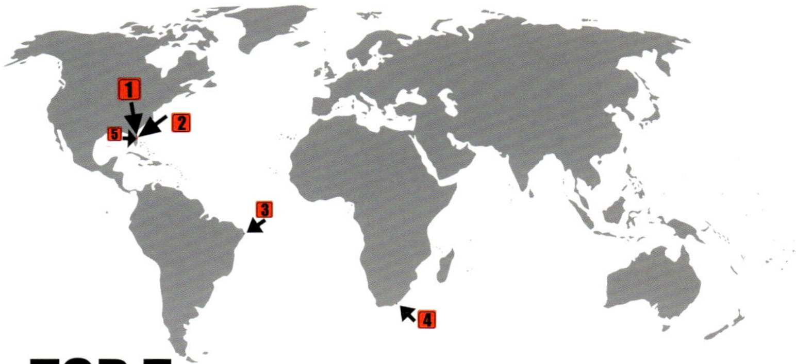

TOP 5

Die fünf gefährlichsten Surfspots der Welt – nirgendwo sonst wurden mehr Wellenreiter angegriffen. Überraschenderweise taucht weder Australien noch Kalifornien in der Statistik auf.

1 **New Smyrna Beach/ Florida:** Spitzenreiter in der Angriffsstatistik: 98 Attacken, keine davon war tödlich. Die hier häufigen Schwarzspitzenhaie sind nur etwa 1.50 m lang und ihre Bisse kaum lebensgefährlich.

2 **Ponce Inlet/ Florida:** Nur 23 Kilometer nördlich von New Smyrna Beach gelegen. 24 Angriffe auf Surfer, ebenfalls keiner tödlich.

3 **Nahoon Reef/ Südafrika:** Fast jedes Jahr eine Attacke. Die meisten der bisher 15 Angriffe auf Surfer werden Weißen oder Bullenhaien zugeschrieben, einer endete tödlich.

4 **Boa Viagem/ Brasilien:** Nach 12 Angriffen auf Surfer und einem Todesopfer verhängten die Behörden 1995 ein Surfverbot an der Küste, das heute noch gilt.

5 **Jupiter Beach Inlet/ Florida:** Zehn Angriffe auf Surfer, keiner davon tödlich.

ANGRIFFSSTATISTIK

Seit 1580 kam es weltweit zu 2.127 Haiangriffen, 424 verliefen tödlich. Die Rangliste der bei Haien beliebtesten Länder:

Florida/ USA	*589/ 10	Puerto Rico	7/ 2
Südafrika	212/ 43	Ecuador	5/ 0
New South Wales/ AUS	135/ 50	Venezuela	4/ 2
Hawaii	96/ 8	Frankreich	4/ 1
Queensland/ AUS	94/ 35	Argentinien	4/ 0
Kalifornien/ USA	94/ 8	Indonesien	3/ 2
Brasilien	87/ 21	Costa Rica	3/ 1
Western Australia/ AUS	38/ 8	Dominikanische Republik	3/ 0
Mexiko	35/ 19	Spanien	3/ 0
South Australia/ AUS	25/ 13	Sri Lanka	3/ 0
Victoria / AUS	24/ 6	El Salvador	2/ 1
Fidschi	20/ 7	Madagaskar	2/ 1
Neuseeland/ Südinsel	20/ 4	Französisch-Polynesien	2/ 1
Neuseeland/ Nordinsel	14/ 4	Großbritannien	2/ 0
Japan	12/ 8	Nicaragua	2/ 0
Philippinen	11/ 6	Kapverden	1/ 1
Mozambique	11/ 3	Israel	1/0
Panama	10/ 5	Kanaren	1/ 0
Italien	10/ 2	Martinique	1/ 0
Tasmanien/ AUS	9/ 4	Senegal	1/ 0

*Angriffe / Todesopfer

TÄTERPROFIL

Weltweit sind über 500 Haiarten bekannt, an Angriffen auf Menschen waren davon schon über 50 verantwortlich. Dennoch geht die größte Gefahr von den berüchtigten „Big Three" aus, auf deren Konto weit über die Hälfte aller Attacken geht: Tiger-, Bullen- und Weißer Hai. Vor allem Letzterer hinterlässt eine Spur des Schreckens. Jeder dritte Angriff wird einem Weißen Hai zugeschrieben, und selbst kleine Boote bieten keinen Schutz vor diesem Raubtier: 1936 sprang ein Exemplar vor Südafrika auf einen Fischkutter und riss ein Crewmitglied mit ins Meer. Wenn es zu einem Angriff kommt, hat ein Mensch dem Tier kaum etwas entgegenzusetzen. **Ein sechs Meter langer Weißer Hai wiegt über eine Tonne,** entwickelt zwischen seinen Kiefern eine Beißkraft von 1.8 Tonnen und kann mit einem einzigen Bissen bis zu 14 Kilo Fleisch aus seinem Opfer reißen.

HAIKONTAKT -VERMEIDUNGSTIPPS

Volusia County, ein kleiner Bundesstaat an der Atlantikküste Floridas, ist bekannt für seine Strände, die NASCAR-Rennen von Daytona, hat weniger Einwohner als Nürnberg oder Leipzig und hält den Rekord für die weltweit meisten Haiangriffe. **In den letzten zehn Jahren ereigneten sich an der 75 Kilometer langen Küste von Volusia 21 Prozent aller Haiangriffe.** Und das, obwohl es kinderleicht wäre, einer Begegnung mit einem der schwimmenden Raubtiere zu entgehen. Einfach sonntags nicht ins Meer gehen, möglichst in einer Wassertiefe von über zwei Metern aufhalten und schwarzweiße Shorts oder Badeanzüge vermeiden. Denn rein statistisch trafen diese Faktoren auf die meisten Opfer zu. Leider helfen Statistiken im wirklichen Leben aber nur wenig: Haie sind keine Weekend-Warrior und beißen deshalb öfter am Wochenende zu. Nein, es sind die Menschenmassen, die sonntags an den Strand strömen und so die Chance auf eine Begegnung erhöhen. Ebenso ist eine Wassertiefe von nur 1.50 Meter nicht gefährlicher als zwei Meter. Die meisten Schwimmer wagen sich einfach nicht weiter auf's Meer hinaus. Die Statistik erklärt also nicht, wo und wann Haie am ehesten angreifen, sondern nur, wann und wo die größten Menschenansammlungen zu finden sind und welche Mode am beliebtesten ist.

Allerdings kann jeder Surfer das Risiko minimieren, sich im Maul eines Hais wiederzufinden. Er muss nur ein paar Regeln beherzigen:

Spots meiden, an denen es schon zu Angriffen kam. Denn Haie sind bei der Wahl ihres Jagdreviers sehr wählerisch. Betrachten wir dazu ein Beispiel aus Kalifornien, den Strand Ano Nuevo bei Santa Cruz, am südlichen Rand des für Weiße Haie berüchtigten Red Triangles. Immer wenn es Wellen gibt, wird hier gesurft. Angegriffen wurde noch kein einziger Surfer. Anscheinend gibt es hier also keine Haie. Doch dieser Eindruck täuscht. Wer zum Ende der Klippe geht, die am nördlichen Abschnitt des Strandes auf's Meer hinausragt, wird innerhalb von ein oder zwei Stunden garantiert einen Großen Weißen sehen. Die Haie sind immer da, aber es gibt nichts, was sie in Richtung Line Up lockt.

Meist sieht es aber anders aus. Denn die besten Wellen brechen oft genau dort, wo Haie auf die Jagd gehen: vor Flussmündungen, an Riffkanten oder an Pointbreaks vor steil ins Meer abfallenden Landspitzen. Wer hier surft, dringt unweigerlich in Haireviere vor. Dennoch lässt sich das Risiko einer Attacke reduzieren. Etwa durch die Tageszeit: Sonnenauf- und -untergang nennen amerikanische Haiforscher nur „Killer Times“. **Ratsam ist es auch, zu bestimmten Jahreszeiten lieber nicht surfen zu gehen, etwa während des „Sardine Runs“ zwischen Mai und Juli an der Ostküste Südafrikas.** Denn dann ziehen hier Millionen von Sardinen Richtung Norden und versetzen sämtliche Raubtiere vor der Küste in einen wahren Fressrausch. Genauso sieht es während der „Mullet Runs“ zwischen September und Oktober an der Ostküste der USA vor Florida und Georgia aus, wenn Meerbarben in riesigen Schwärmen Richtung Süden ziehen und Haie von diesem Festmahl magisch angezogen werden. Aber auch starke Regenfälle verschärfen das Risiko; zumindest wenn die Flüsse Hochwasser führen, Müll sowie Tierkadaver ins Meer spülen und das Wasser trüb färben.

Ansonsten kann jeder Surfer nur genau beobachten, was um ihn herum vorgeht. **Kippt ein Fischer seine Abfälle samt Beifang in Sichtweite über Bord, ist es ratsam, an den Strand zu paddeln.** Liegt die Hälfte eines durchgebissenen Seehunds am Strand, ist eine Session an diesem Spot vielleicht nicht die beste Idee, und wer plötzlich einen Seehund sieht, der um sein Leben schwimmt, sollte überlegen, was dem Tier so einen Schrecken eingejagt haben könnte.

FLOSSENKUNDE

Die Spitze macht den Unterschied

Wohl jede Rückenflosse, die aus dem Meer auftaucht, lässt im ersten Moment das Blut in den Adern gefrieren. Doch nicht immer ist Panik angebracht. Schon der zweite Blick kann den mutmaßlichen Hai als freundlichen Delphin entlarven.

Beim **Delphin** ist die Spitze der Rückenflosse nach hinten gebogen, wie die Heckflosse eines alten Cadillacs.

Die Form einer **Haiflosse** entspricht viel eher einem Dreieck mit geraden Linien.

NOTFALLPLAN

Das Albtraum-Szenario Nummer 1: Du wirst von einem Hai umkreist. Was nun? Der Verhaltensforscher und Hai-Experte Dr. Erich Ritter weiß, wie du den Raubfisch in die Flucht schlägst.

1. Vermeide jede Bewegung! Paddelst du weg, wird der Hai neugierig werden und dich als potentielle Beute sehen. Gleite langsam vom Surfboard, lege deine Oberarme auf das Brett und lasse deine Beine hängen ohne sie zu bewegen. So eine vertikale Position ist für den Hai ungewöhnlich und lässt ihn vorsichtig werden – kaum ein Meeresbewohner schwimmt so aufrecht durch das Wasser.

2. Behalte den Hai immer im Auge! Umkreist er dich, drehst du dich mit dem Surfboard vorsichtig um die eigene Achse mit – dabei aber nur die Arme bewegen und nicht die Beine.

3. Leite den Hai um! Kommt er bis auf eine Armlänge an dich heran, einfach sanft seinen Kopf von dir wegschieben, aber den Oberkörper dabei nicht nach vorne beugen.

4. Werde selbst zum Raubtier! Lässt der Hai nicht locker und schwimmt erneut auf dich zu, solltest du dich auf ihn zu bewegen. Haie sind gewohnt, dass andere Tiere vor ihnen fliehen – passiert das nicht, kann das den Hai irritieren und zum Rückzug bewegen.

5. Kenne seinen Schwachpunkt! Kämpfen Haie gegeneinander, beißen sie ihre Gegner in die Kiemen. So weit musst du nicht gehen: Greift dich der Hai an, reicht es meist schon, seine Kiemen mit der flachen Hand zu berühren, damit er den Rückzug antritt. Wieso? Haie reagieren auf Signale, die sie kennen, auch wenn sie nicht wissen, wer oder was der Auslöser ist. Unbekannte Signale wie Schläge oder Tritte haben nur selten den gewünschten Erfolg – reines Glück, wenn der Hai dadurch von dir ablässt.

Wichtig: Es gibt keine gefährlichen Haie, nur gefährliche Situationen - wer richtig reagiert, kann das Schlimmste verhindern!

PLAGEGEISTER

Sie lauern im Sand, in Felsspalten oder pirschen sich lautlos unter Wasser an dich heran – alles nur, um dir den Tag zu verderben.

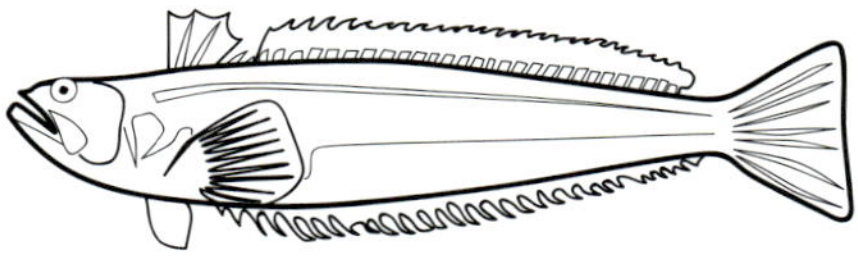

Petermännchen

Was: 15 bis 50 Zentimeter langer Fisch, der sich liebend gerne nur wenige Meter vom Ufer entfernt im Sand vergräbt. Trägt giftige Stacheln auf dem Rücken, die sich jeder in den Fuß rammt, der auf ihn tritt.

Wo: In der Nordsee, dem Mittelmeer und an jeder europäischen Atlantikküste, von Norwegen bis Portugal.

Wie: Anfangs ist es nicht so schlimm, es dauert einige Minuten, bis der Schmerz dich richtig trifft. Das beste Gegenmittel: Wasser, so heiß, wie du es gerade noch erträgst. Die Hitze löst die Struktur des Giftes auf und macht es so unwirksam. Manche Surfer behaupten, dass es ausreicht, im seichten Wasser zu schlürfen anstatt normal zu gehen. So werden die Fische aufgeschreckt und suchen das Weite, bevor du auf sie trittst.

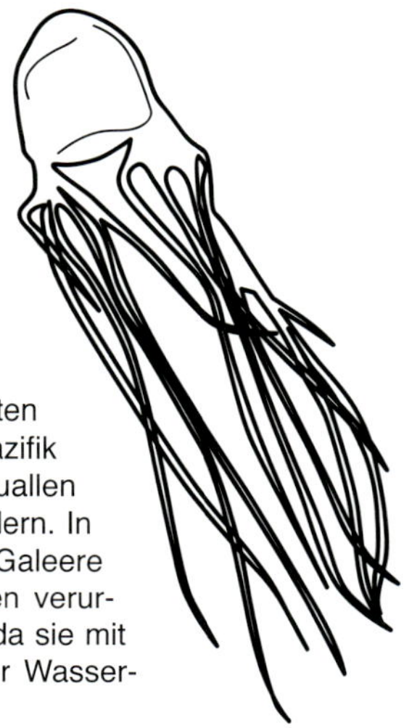

Quallen

Was: Gallertartige Lebewesen, die zu 99 Prozent aus Wasser bestehen und mit ihren langen Tentakel voller Giftkapseln Angst und Schrecken verbreiten. Die leichteste Berührung reicht und schon schießen sie dem Opfer ihr Gift in die Haut.

Wo: Auf der ganzen Welt, wobei nicht alle Arten gleich gefährlich sind. In Australien und im Pazifik rund um die Philippinen treiben etwa Würfelquallen ihr Unwesen, die immer wieder Todesopfer fordern. In Europa solltest du dich vor der Portugiesischen Galeere hüten, die extrem schmerzhafte Verbrennungen verursacht. Zum Glück sind sie leicht zu erkennen, da sie mit einer Art bläulichen, gasgefüllten Blase auf der Wasseroberfläche treiben.

Wie: Der Schmerz liegt irgendwo zwischen einem Peitschenhieb und einem glühenden Eisen auf der Haut. Zuerst geht es darum, sämtliche Reste der Tentakel samt ihrem Gift zu entfernen. Dazu niemals Süßwasser verwenden, das lässt nur weitere Giftkapseln explodieren. Die Hautstellen ausschließlich mit Salzwasser abspülen. Rettungsschwimmer sprühen Rasierschaum auf die Haut und schaben ihn dann mit einer Kreditkarte oder ähnlichem ab. Dieselbe Methode funktioniert auch mit nassem Sand, den du etwas antrocknen lässt und dann abschabst. Essig kann helfen, ist aber ein zweischneidiges Schwert, da er nur bei manchen Arten, wie den Würfelquallen, hilft. Bei einer Portugiesischen Galeere macht Essig dagegen alles noch schlimmer.

Seeigel

Was: Nur wenige Zentimeter kleine mit unzähligen Stacheln bewaffnete Plagegeister. Trittst du auf einen Seeigel, bleiben sicher ein paar abgebrochene Stacheln in deinem Fuß zurück. Selbst Booties bieten keinen hundertprozentigen Schutz, zu weich ist die Gummisohle, um nicht durchbohrt zu werden. Manche Exemplare in der Karibik verteidigen sich sogar mit dünnen, bis zu 30 Zentimeter langen Monsterstacheln.

Wo: Überall auf der Welt, von Neuseeland über Portugal bis Hawaii. Manchmal rotten sich Seeigel zu so großen Ansammlungen zusammen, dass ganze Felsen aussehen als wären sie mit einem einzigen, stachligen Teppich überzogen.

Wie: Noch am selben Tag versuchen, die Stacheln zu entfernen. Dazu Fuß, Hand oder wo auch immer es dich erwischt hat in warmem Wasser „einweichen". Wenn die Haut runzelig und schön weich ist, versuchen, mit Nadel und Pinzette die Stacheln heraus zu ziehen – genauso wie du einen kleinen Holzsplitter aus der Haut entfernen würdest. Leider sind die Stacheln extrem fragil und brechen leicht ab. Wenn du merkst, dass du ein Stück nicht entfernen kannst, lieber abwarten als den ganzen Fuß zu zerschneiden. Im Normalfall kümmert sich der Körper selbst um die Fremdkörper, löst sie entweder innerhalb von zwei Wochen regelrecht auf oder arbeitet sie langsam aus dem Fleisch an die Oberfläche. Außerdem kann desinfizieren nicht schaden, solche schmalen, aber tiefen Wunden entzünden sich gerne.

P.S.: Urin ist das Wundermittel. Einfach kurz auf den Stich oder die Verbrennung pinkeln und schon ist alles vergessen, empfehlen spanische Fischer genauso wie australische Surfer. Wissenschaftlich bewiesen ist diese Methode nicht, aber wer weiß...

WEIBLICHE PROBLEMFÄLLE

„Wenn Jungs surfen, fühle ich mich manchmal an die Urzeit erinnert“, sagt die australische Profi-Surferin Layne Beachley und setzt zum Tarzan-Ruf an. „Da geht es oft nur darum, das eigene Ego durchzusetzen und besser zu sein als der andere. Ein seltsam aggressiver Vibe, der dann im Line Up herrscht.“ Der ändere sich, so Layne, sobald ein paar Frauen im Wasser sind. „Plötzlich sind alle viel entspannter. Ich glaube, das liegt daran, dass wir Mädels über uns selbst lachen können. Es geht nicht darum, wer mehr oder bessere Wellen erwischt, sondern da draußen einfach eine gute Zeit miteinander zu haben. Diese positive Einstellung überträgt sich auch auf die Jungs.“ Leider sind Frauen immer noch die Ausnahme im Line Up, rein statistisch kommt auf zehn Surfer nur eine Surferin. Es ist ein bisschen so, wie alleine eine Bar zu betreten, die voller Männer ist. Plötzlich sind alle Augen auf dich gerichtet. Du fühlst dich unwohl, würdest am liebsten im Erdboden versinken und machst Fehler, die dir sonst nicht passieren würden. „Frauen fühlen sich von Männern im Line Up oft eingeschüchtert. Es fällt ihnen nicht leicht, dieses Gefühl einfach zur Seite zu schieben und sich auf die nächste Welle zu konzentrieren“, erzählt Layne, die ihre Profi-Karriere 2008 beendete und heute Surfkurse ausschließlich für Mädchen organisiert. Denn ihr bester Tipp gegen die männliche Dominanz im Line Up lautet: Frauenpower - „je mehr Frauen im Wasser, desto besser!“

Zu viel Testosteron kann deine Session ruinieren. Genauso wie ein Bikini, der mehr preisgibt als dir lieb ist. Aber auch außerhalb des Wassers lauern Gefahren, die Männer nicht zu fürchten haben: etwa Dates, die sich als psychopathischer Axtmörder entpuppen, oder liebestolle Locals, die sich einfach nicht abwimmeln lassen.

Es ist nicht immer leicht, eine Surferin zu sein, aber jammern gilt nicht.

DURCHSETZUNGSVERMÖGEN

Layne Beachley holte insgesamt sieben Weltmeistertitel, doch als Teenager wurde ihr das Surfen nicht leicht gemacht. Sie war oft das einzige Mädchen im Line Up und wurde von den Jungs regelrecht gemobbt. Doch das machte sie nur stärker. „Ich wusste, dass ich das gleiche Recht hatte zu surfen wie die Jungs. Also lernte ich, meine Ellenbogen auszufahren und mich durchzusetzen.“ Vergessen hat die heute 39-jährige Australierin aber nicht, wie schwer es für Mädchen sein kann, mit lauter Jungs um Wellen zu kämpfen, und welche Tricks dabei helfen.

Vergleiche Äpfel nicht mit Birnen!

Als ich mit dem Surfen anfing, habe ich mir von den Jungs im Wasser ganz schön viel Mist anhören müssen – nur, weil ich ein Mädchen war. Surfen war damals, vor über 20 Jahren, einfach kein Sport für Frauen. Doch was mir viel mehr im Weg stand, war ich selbst: Denn irgendwann fing ich an, mir selbst einzureden, dass ich nicht gut genug sei. Aber dann fragte ich mich: Nicht gut genug für wen? Heute weiß ich, dass es keinen Sinn macht, sich mit anderen zu vergleichen. Du bist immer so gut, wie du sein möchtest! Beim Surfen läuft zu 80 Prozent alles in deinem Kopf ab - wenn du denkst, du stürzt auf der Welle, wirst du auch stürzen, und wenn du dir einredest, nicht gut genug zu sein, wird deine Session garantiert ein Reinfall.

Respekt ja! Angst nein!

Jeder fühlt sich von besseren Surfern eingeschüchtert, das geht nicht nur Frauen so. Was glaubst du, wie ich mich auf einem Mentawai-Trip gefühlt habe, als ich mit Occy, Shane Beschen und Sunny Garcia im Line Up saß? Aber dann fiel mir auf, dass auch sie die Wellen manchmal nicht direkt am Peak nahmen, sondern irgendwo down the Line einstiegen, wenn sie sich unsicher fühlten. Oft sind Jungs, die nicht so gut surfen, auch von mir eingeschüchtert - das ist einfach die „Hackordnung“, damit wird jeder Surfer, egal welchen Levels, konfrontiert. Nur vom Surfen abhalten darf sie dich nicht.

Wenn du nicht mithalten kannst, versuche es erst gar nicht!

Gute Wellen ziehen Surfer an wie Motten das Licht. An dem besten Spot der Küste wirst du wahrscheinlich keine Welle bekommen, außer du bist wirklich richtig gut und strotzt nur so vor Selbstvertrauen. Wieso surfst du nicht ein bisschen weiter am Strand, dort wo die kleineren Wellen brechen und ein paar Grommets ihren Spaß haben? Oder suche dir eine Welle, die vielleicht nicht perfekt, dafür aber leer ist. Es bringt nichts, am Peak zu sitzen, wenn du aus Angst oder Ehrfurcht keine einzige Welle anpaddelst – das frustriert dich nur!

Ohne Selbstvertrauen keine Welle!

Selbstvertrauen ist alles, aber es muss erst wachsen. Bist du Anfängerin, suche dir eine leere Welle oder geh mit deinen Freunden surfen - dann ist es nicht so schlimm, wenn du einen Wipeout nach dem anderen hinlegst. Dein Selbstvertrauen wird Stück für Stück wachsen, genauso wie dein Können, und irgendwann fühlst du dich sicher genug, um dich auch gegen die Jungs am Peak durchzusetzen.

DRESSCODE

Dein erster Trip in die Tropen, und du kannst es kaum erwarten, endlich im Bikini zu surfen. Motiviert paddelst du in Richtung Line Up, tauchst unter einer etwas größeren Setwelle durch und schon ist es passiert - splitterfasernackt versuchst du, dich ungesehen ans Ufer zu retten, nachdem dir die Wassermassen das bisschen Stoff vom Körper gerissen haben. Das muss nicht sein, wenn du zum richtigen Bikini greifst...

GUTER BIKINI

Das perfekte Bikini-Oberteil sieht aus wie ein Sport-BH: Auf dem Rücken gekreuzte Träger sorgen dafür, dass nichts verrutscht. Racerback nennt man diesen Schnitt, im Idealfall sind die Träger sogar verstellbar.

Ebenfalls eine gute Wahl: Neckholder- oder Bandeau-Bikinis mit vernähten Oberteilen, die im Nacken und am Rücken zusammengebunden werden. Achte auf breite Träger - sie verrutschen nicht so leicht, lassen sich eng schnüren und das Material leiert kaum aus.

Je enger, desto besser - deine Hose soll dir schließlich auch beim härtesten Wipeout nicht um die Ohren fliegen! Die meisten Pro-Surferinnen schwören auf Hipster Pants, knappe und auf die Hüfte geschnittene Bikinihosen. Tipp: Kaufe sie eine Nummer zu klein, im Wasser weiten sie sich immer noch ein bisschen.

Es muss nicht immer Farbe sein! Kräftige Farben oder Neon sind zwar verlockend, aber bedenke, dass sie durch Salzwasser und Sonne schnell ausbleichen - Pastell und helle Töne halten länger durch.

BÖSER BIKINI

Lass die Finger von brasilianischen Triangel-Bikinis! Die Stoff-Dreiecke des Oberteils werden lose von zwei Schnürbändern zusammengehalten und verrutschen bei jedem Paddelzug. Noch schlimmer könnte es dir mit der Hose ergehen: Die dünne Kordel, mit der du sie seitlich enger schnürst, leiert schnell aus – spätestens nach der fünften Surfsession hängt dir das gute Stück in den Knien.

Keine Kunststoffverschlüsse! Sie erodieren im Salzwasser schneller und brechen. Das Ergebnis: Du sitzt im Line Up plötzlich oben ohne da.

Verzichte auf Bikini-Oberteile mit Einlagen: Sie zaubern zwar am Strand ein beeindruckendes Dekolleté, verrutschen aber beim ersten Duckdive und sehen aus wie schlecht platzierte Socken.

Boyshort-Pants wirken auf den ersten Blick praktisch, sind es aber nicht - je mehr Stoff, desto leichter füllt sich die Bikinihose mit Wasser und verrutscht.

KILLERINSTINKT

Allein in den USA treiben laut FBI zwischen 200 und 400 Serienmörder ihr Unwesen. Sie leben unerkannt mitten unter uns und warten auf das nächste Opfer. Wenn du Pech hast, triffst du einen von ihnen in einer schummrigen Bar am Ende der Welt.

Täterprofil

Acht Punkte*, die dich bei einem neuen Verehrer stutzig machen sollten, damit du einen Serienkiller nicht erst erkennst, wenn es zu spät ist:

- Er ist Amerikaner. 76% aller Serienmorde geschehen in den USA.
- Laut Statistik sind die meisten Täter zwischen 20 und 30 Jahre alt.
- Dunkle Augenringe? Die Hälfte aller Täter kämpft mit Schlafproblemen.
- Er ist ein Local. Serienkiller töten meist nicht weit entfernt von ihrem Wohnort – in vertrauter Umgebung fühlen sie sich sicher.
- Spielt er bei eurem Date ständig mit Streichhölzern? Fast ein Drittel aller Täter hat schon einmal einen Brand gelegt.
- Er verpasst der streunenden Katze unter dem Tisch einen Tritt und grinst dabei. 46% aller Massenmörder haben als Jugendliche Tiere gequält, 36% von ihnen tun das noch als Erwachsene.
- Über seine Vergangenheit spricht er nicht.
- Die meisten Serienmörder haben keine positiven Erinnerungen an ihre Kindheit. Oft spielten Kriminalität oder Alkohol eine Rolle, bei 47% verließ der Vater vor ihrem 12. Lebensjahr die Familie.
- Du hast ihn noch nie zuvor gesehen. Massenmördern fällt es leichter, Fremde zu töten – ihr Opfer suchen sie sich meist zufällig aus.

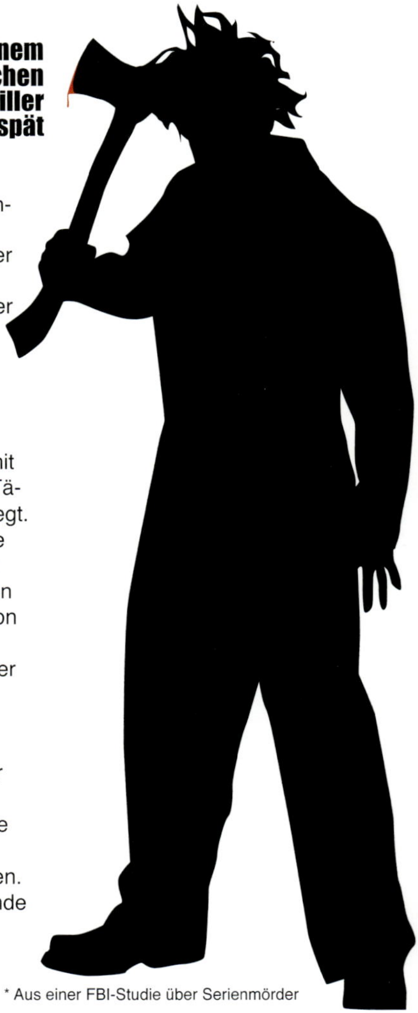

* Aus einer FBI-Studie über Serienmörder

Beuteschema

Noch vorsichtiger solltest du sein, wenn außerdem folgende Kriterien* auf dich zutreffen. Sie machen dich zum perfekten Opfer:

Du bist eine Frau (82% der Opfer sind weiblich).

Alter: Zwischen 23 und 29.

Beziehungsstatus: ledig (80% der Opfer sind nicht verheiratet).

Du reist allein. 63% aller Opfer sind ohne Begleitung unterwegs.

lein und zierlich? Fast ein Drittel aller Opfer ist dem Täter körperlich unterlegen.

Schüchtern und unsicher? Serienkiller suchen sich Opfer aus, bei denen mit wenig Gegenwehr zu rechnen ist. Von selbstbewussten Frauen lassen sie meist die Finger.

Du hilfst bei einer Autopanne oder steigst in den Wagen eines Fremden. Bei 85% aller Serienmorde spielt ein Fahrzeug eine Rolle.

Notfallplan

Alle Vorsicht hat nicht geholfen: Der nette Typ entpuppt sich als Psychopath und hat dich in eine Falle gelockt. Was nun? Der Kriminalexperte Stephan Harbort erklärt es in seinem Buch „Begegnung mit dem Serienmörder":

Verwickle ihn in ein Gespräch! Wenn es dir gelingt, eine persönliche Beziehung zum Täter herzustellen, bist du für ihn kein anonymes, passives Opfer mehr – das stört seine Gewaltfantasie und damit den Plan, dich zu töten.

Überrasche ihn! Oft handelt der Täter nach einer Art innerem Drehbuch - er weiß schon vorher, wie die Tat ablaufen soll. Verhält sich das Opfer anders als erwartet, verunsichert das den Täter und er flüchtet. Ein deutscher Serienmörder ließ zum Beispiel einige Frauen laufen, weil sie sich anders als in seiner Gewaltfantasie nicht wehrten, sondern anboten, ihn zu küssen.

Wehr dich! Hilft das alles nichts, bleibt dir als letzte Möglichkeit nur der Kampf. Stoßen sie auf Gegenwehr, brechen Täter den Tötungsversuch oft ab und flüchten. Aber Vorsicht: Diese Taktik funktioniert nur, wenn du dich heftig und mit allen Mitteln wehrst – halbherzige Abwehrversuche enden immer tödlich.

Nachgefragt

Wie gefährlich ist es, als Surferin alleine zu reisen?

Eva Kreyer weiß es. Die 32-Jährige betreibt ein Surfcamp in Frankreich und jagt in ihrer Freizeit den besten Wellen rund um die Welt nach – etwa in Indonesien, Costa Rica, Mexiko, den USA oder der West-Sahara.

„Mein letzter Trip führte mich nach Mexiko, allerdings hatte ich einen Freund dabei und war in manchen Situationen auch sehr froh darüber - ganz alleine würde ich als Mädchen dort nicht unbedingt herumreisen. Einmal feierten 300 mexikanische Surfer ein großes Fest am Strand. Sie haben sich alle möglichen Drogen eingeschmissen und irgendwann stellte ich fest, dass ich das einzige, blonde Mädchen dort war. Ich befürchtete, dass die Stimmung kippen könnte und habe mich für den Rest des Abends auf mein Zimmer zurückgezogen. **Generell finde ich aber, dass man als Mädchen auf Reisen nur Vorteile hat:** Die Jungs schenken einem Wellen, man lernt viel leichter Leute kennen und eigentlich gibt es kaum etwas, vor dem man sich fürchten muss. Wenn man ein paar Dinge beachtet...

Etwa einen Flug buchen, der nicht irgendwann nachts ankommt, sondern tagsüber, dann ist es viel leichter, sich zurechtzufinden. Noch besser ist es, für die erste Nacht bereits von zu Hause aus ein Hotelzimmer zu buchen, vielleicht sogar in der Nähe des Flughafens. So ein Flug schlaucht dich mehr als du denkst, und es ist einfach viel entspannter, anzukommen und eine Bleibe zu haben als planlos durch die Gegend zu irren. Auch wenn das Zimmer dein Budget sprengt, den Rest des Trips kannst du immer noch sparen. Wer nicht ganz auf eigene Faust losziehen möchte, mietet sich einfach in einem Surfcamp ein und lässt sich vom Flughafen abholen. Vor allem für den ersten Trip nach Bali eine gute Idee, denn der Verkehr dort ist ziemlich gewöhnungsbedürftig. In so einem Camp findest du schnell Anschluss und außerdem verraten dir die Guides dort die besten Spots, das spart dir eine Menge Zeit – Zeit, die du mit Surfen verbringen kannst.

Man muss sich darüber im Klaren sein, dass man in Asien oder Südamerika als großes, blondes Mädchen einfach wie ein Alien aussieht. Aber wer sich Land und Kultur anpasst, fällt weniger auf. Ich bin zum Beispiel lieber mit öffentlichen Verkehrsmitteln unterwegs als mit einem Mietwagen, so rutscht man einfach durch das Raster und zieht weniger Aufmerksamkeit auf sich. Reise ich durch ein islamisches Land habe immer einen Sarong im

Rucksack, den ich mir jederzeit über die Schultern werfen kann. In Asien oder Südamerika bin ich grundsätzlich zurückhaltender und warte, bis mich jemand anspricht. Zu viel Zurückhaltung ist aber auch nicht gut und wird oft als Arroganz ausgelegt. Was einem immer Türen öffnet, ist ein freundliches Lächeln.

Trotzdem zieht man als alleinreisende Frau oft mehr Blicke auf sich als einem lieb ist. **In Ländern wie Marokko trage ich dann auch schon einmal Jogginganzug und Mütze**, unter der ich meine blonden Haare verstecke, so falle ich garantiert nicht ins Beuteschema. In Bali ist mir einmal ein besonders aufdringlicher Local begegnet, der wollte gar nicht mehr gehen. Da habe ich dann einfach auf den nächstbesten Surfer gezeigt, der aus dem Wasser kam, und behauptet, das wäre mein Mann. Der wusste zwar von nichts, hat aber brav mitgespielt und mich bis zu meinem Hotel gebracht. Bin ich mit einem Freund auf Reisen, gebe ich ihn grundsätzlich als meinen Mann aus, bei ganz hartnäckigen Fällen erzähle ich auch noch von meinen zwei Kindern, die zu Hause auf mich warten. Dieser Trick hilft garantiert!

Perfekte Reiseziele für alleinreisende Surferinnen gibt viele: Bali eignet sich super für einen Kurzurlaub, da die Wellen meistens perfekt sind, es viele Beachbreaks gibt und die Menschen wahnsinnig freundlich sind. Die Malediven kann ich auch empfehlen: Die Wellen sind nicht zu heftig, man kann sich einfach auf einem der vielen Surf-Charterboote einmieten und schnell neue Leute kennenlernen. Wer lieber erst einmal Europa erkunden möchte, macht einen Roadtrip durch Frankreich, Spanien und Portugal – da gibt es eigentlich nichts, wovor man Angst haben muss. Allerdings würde ich es vermeiden, mit hell erleuchtetem Bus allein auf einem dunklen Parkplatz zu stehen und mit einer Flasche Rotwein in die Sterne zu schauen. Genau wie in exotischen Ländern gilt auch hier die Regel: Wer nicht auffällt, reist besser – und sicherer.“

BÖSE ÜBERRASCHUNGEN

Gerade fühlst du dich noch wie im Himmel auf Erden, da tut sich plötzlich ein Abgrund auf. So wie bei der Angeltour, die der australische Pro-Surfer Dean Morrison 2008 unternahm: Alles fing ganz harmlos an, als Dean mit vier Freunden Richtung Hamilton Island, zwölf Kilometer vor der Küste, aufbrach. Dann aber nahm das Unheil seinen Lauf. Einer der fünf drehte plötzlich den Außenbordmotor voll auf und ließ das kleine Aluminiumboot über die Wellen springen, während sich die Jungs johlend an der dünnen Bordwand festklammerten. Um dem Ganzen noch eins drauf zu setzen, ging der Kapitän der kaum fünf Meter langen Nussschale plötzlich vom Gas: eine Vollbremsung mit ungeahnten Folgen. Die eigene Heckwelle rollte von hinten auf das Boot, schwappte in den flachen Kahn und füllte ihn innerhalb einer Sekunde bis zum Rand. „Wir hatten noch die Bierdosen in der Hand, als das Boot wie eine vollgelaufene Badewanne unter uns wegsackte", erzählt Dean. „Unsere einzige Hoffnung war eine Insel, die wir ein paar Kilometer entfernt im schwindenden Tageslicht gerade noch erkennen konnten." Stunden später schwammen die fünf immer noch. „Es war stockdunkel, man konnte die Hand nicht vor Augen sehen", erinnert sich Dean. „Da berührte ich plötzlich etwas unter Wasser – Felsen!" Dean hatte tatsächlich vollkommen blind Land gefunden. Doch damit waren noch lange nicht alle Sorgen vorbei. Tatsächlich war die Insel unbewohnt und die fünf mussten die Nacht frierend, völlig fertig und total dehydriert am Boden zusammengekauert verbringen. Bevor sie am nächsten Morgen entdeckten, dass es auf ihrer Insel von schwarzen, bis zu drei Meter langen Schlangen wimmelte. Sie sahen keinen anderen Ausweg und beschlossen, zur nächsten Insel zu schwimmen – etwa 15 Kilometer weit. In ihrem entkräfteten Zustand eine fast unüberwindliche Distanz und zudem in gefährlichen Gewässern, da seit Tagen ein vier Meter langes Krokodil in der Gegend sein Unwesen trieb und die Ranger sogar alle Strände für Schwimmer gesperrt hatten. Doch das wussten die fünf nicht, die nach endlosen Stunden von einem Pärchen in ihrem Angelkahn aufgesammelt wurden. Da waren sie so erschöpft, dass sie nicht viel mehr herausbrachten als: „Bringt uns einfach weg von hier."

Aber nicht nur Schlangen oder Krokodile können dir den Tag verderben, manchmal ist es auch ein Loch in deinem Board, eine tagelange Seekrankheit oder der Verlust deines gesamten Travel Budgets am Ende der Welt.

Böse Überraschungen lauern überall – lass dich nicht unterkriegen.

SEEMANNSGARN

Skipper Klaus Baumgartner schippert seit Jahren von einem Surfspot Indos zum nächsten und beschert seinen Gästen oft den Trip ihres Lebens. Aber er weiß auch, was dir auf einem Boattrip den Spaß verderben kann und wie du vermeidest, dass es soweit kommt.

Seekrankheit: Die kann dich wirklich fertig machen und es erwischt fast jeden. Je nach Seegang und Anfälligkeit kann es so schlimm werden, dass du nur noch über der Reling hängst, unfähig auch nur aufzustehen, weil du dich dann sofort wieder übergeben musst. Das beste Gegenmittel: Tabletten gegen Seekrankheit, die sind ein wahres Wundermittel. Aber nicht erst warten, bis dir schlecht wird, denn zu diesem Zeitpunkt ist es schon zu spät, und die Tabletten verlassen deinen Magen wieder, bevor die Wirkstoffe von deinem Körper aufgenommen werden können. Ansonsten gibt es Punkte auf einem Schiff, an denen du das Schwanken schwächer spürst und so weniger anfällig für die Seekrankheit bist. Grundsätzlich gilt: Je weiter Richtung Bug oder Heck und je höher, desto stärker spürst du den Seegang. Demnach ist der beste Ort möglichst tief, genau in der Mitte des Schiffs. Noch ein Trost zum Schluss: Nach dem ersten Tag an Bord ist das Schlimmste überstanden. Der menschliche Körper ist ein wahres Anpassungsgenie und gewöhnt sich schnell an den schwankenden Untergrund.

Bordkoller: Sind auf einem Surftrip selten. Surfer sind eben leicht glücklich zu machen. Gibt es Wellen, sind alle gestoked. Dann brauchen sie nur noch etwas zu essen, und die Welt ist in Ordnung. Wenn es keine Wellen gibt, kommt schon mal Frust auf. Auf all diesen Segeltrips in der Adria kann aber viel eher eine explosive Stimmung entstehen: Die segeln, trinken, schlafen, machen fast nix, da weißt du nach einer Woche auf engstem Raum ganz genau, wer Freund und wer Feind ist.

Verletzungen: Sind absolut zu vermeiden. Auf einem Boattrip vor Indo ist Hilfe weit entfernt. Wenn ich irgendwo vor Timor einen Arzt brauche, bin ich erst einmal ein paar Tage unterwegs. Und am Ende landest du in einem Dschungelkrankenhaus, in dem ich mich persönlich nicht gerne behandeln lassen würde. Also lieber etwas Vorsicht walten lassen. Kleine Reefcuts sind dafür nicht so schlimm. Da holst du dir im Straßendreck auf Bali viel eher eine Entzündung. Im Vergleich dazu ist es auf einem Boot klinisch rein.

Albträume: Können in Indo sehr schnell real werden. Da ist vor ein paar Jahren zum Beispiel eine Gruppe Taucher abgetrieben und wurde von ihrem Boot nicht mehr gefunden. Zum Glück konnten sie sich auf eine unbewohnte Insel retten. Doch dort wimmelte es nur so vor Komodowaranen, riesigen Echsen, die auch Menschen fressen. Zwei Tage lang mussten sich die Taucher mit Steinen gegen die Warane verteidigen, bevor sie gefunden wurden. In Indo gibt es noch echte Wildnis, das ist anders als bei uns in Deutschland. Eine Horrorvorstellung wäre auch, nachts über Bord zu fallen, weil du dich beim Pinkeln nicht richtig an der Reling festgehalten hast. Ich rate dann, laut zu schreien – wenn dich keiner hört, ist es vorbei.

UNTERGANGSSZENARIO

Es geschah aus heiterem Himmel mitten in der Nacht, als die zwei Surf-Charterboote im Oktober 2010 neben dem Spot Macaronis in den Mentawais vor Anker lagen. Plötzlich hörte der australische Skipper eines der Boote ein dumpfes Grollen, das immer lauter wurde – wie ein Jumbojet im Landeanflug. Dann sah er die meterhohe Weißwasserwalze, wie sie in die geschützte Bucht rollte, das andere Charterboot mit sich riss, es direkt in sein eigenes Schiff schleuderte und im Augenblick des Aufpralls irgendetwas unter Deck explodierte. „Alles dauerte nur Sekunden, und plötzlich brannte mein Boot lichterloh", erinnert sich der Kapitän. Sofort rief er alle an Deck, ließ dann alles, was schwamm, über Bord werfen und danach Crew und Gäste hinterher springen. Mehr konnte der Skipper nicht tun. Musste er aber auch nicht. Alle Surfer und die gesamte Crew der beiden Boote konnten sich an Land retten und kamen mit dem Schrecken davon, als der drei Meter hohe Tsunami die Mentawais traf.

Eine Geschichte, die zeigt, wie schnell ein Boattrip zum Überlebenskampf werden kann. Doch was ist zu tun, wenn dir in der Kajüte das Wasser plötzlich bis zum Hals steht?

Nicht sofort kopflos über die Reling hechten! Es lohnt sich, ein paar Sekunden zu investieren, um eine Rettungsinsel über Bord zu werfen oder eine Schwimmweste zu greifen. Selbst ein Surfboard ist besser als nichts, denn wer ohne jegliche Schwimmhilfe im Ozean treibt, geht bald unter. Schlecht ist natürlich, wenn du die Schwimmwesten erst suchen musst, während das Wasser immer höher steigt – daher besser vorher informieren. Eine Rettungsinsel ist wahrscheinlich der beste Platz nach einem Schiffsuntergang. Es gibt Berichte von Überlebenden, die monatelang auf dem Ozean trieben, bis sie entdeckt wurden.

Wer allerdings nicht das Glück hat, gefunden zu werden, dem bleibt nur die Chance, zufällig von einer Meeresströmung an einer Küste angespült zu werden. Diese Möglichkeit kannst du aber beeinflussen: Die meisten Rettungsinseln verfügen über einen Treibanker, der sie bei schwerer See stabilisiert. Bei ruhiger See verringert er allerdings die Geschwindigkeit der Rettungsinsel in der Strömung und je langsamer du durch den Ozean treibst, desto länger dauert es, bis du Land siehst. **Daher den Treibanker einfach einholen, wenn es das Wetter zulässt.**

Keine Nahrung zu haben, ist nicht das größte Problem für Schiffbrüchige. Ein Mensch hält bis zu zwei Monate ohne Essen aus. Ohne Wasser überleben wir aber nur zwischen drei und fünf Tagen. Wem das Trinkwasser ausgeht, sollte zuerst jede körperliche Anstrengung vermeiden, um nicht unnötig zu schwitzen und so wertvolle Flüssigkeit zu verschwenden. **Außerdem kann der Trinkwasservorrat ein wenig mit Salzwasser gestreckt werden.** Sobald jegliches Süßwasser verbraucht ist, wird es heikel. Ganz kleine Mengen Salzwasser zu schlucken – maximal einen halben Liter pro Tag – kann dann allerdings die Überlebenszeit verlängern. Bei einem Versuch der französischen Armee hielten die Soldaten sechs Tage ausschließlich mit Salzwasser durch. Wer mehr trinkt, trocknet dagegen nur schneller aus, da der Körper die großen Mengen Salz nicht verarbeiten kann und seinen eigenen Zellen Flüssigkeit entzieht, um die Salzlauge im Magen zu verdünnen.

Wer mit einer Schwimmweste oder ohne alles im Wasser treibt, kann nur versuchen, seine Kraft zu sparen. **Am energiesparendsten ist es, sich auf den Rücken zu legen und mit gespreizten Armen und Beinen treiben zu lassen.** Wer eine Weste trägt, kann auch die Knie an die Brust ziehen und mit den Armen umklammern. Eine Technik, die Heat Escape Lessoning Position oder kurz **H.E.L.P.** genannt wird, da der Körper so am wenigsten auskühlt.

Niemand weiß genau, ob ein sinkendes Schiff einen so starken Strudel erzeugt, dass Menschen mit in die Tiefe gezogen werden – so wie am Ende des Hollywood-Movies „Titanic“. **Ein nachgestellter Versuch in der amerikanischen TV-Show „MythBusters“ kam zu dem Ergebnis, dass so ein Strudel nur eine Schauergeschichte ist.** Auf der anderen Seite gibt es einige Berichte von Schiffbrüchigen, denen angeblich genau das passiert ist. Um sicher zu gehen, solltest du möglichst viel Abstand zu einem sinkenden Schiff gewinnen.

ÜBERLEBENSSCHULE

Stell dir vor, dein Charterboot sinkt irgendwo vor Indonesien und du wirst auf einer einsamen Insel angespült, oder du verirrst dich bei der Suche nach einem neuen Spot hoffnungslos im Dschungel. Du bist vollkommen auf dich allein gestellt und hast nur deine Klamotten am Leib. Wir* zeigen, wie du trotzdem überlebst.

Nicht verdursten

Ohne Flüssigkeit überlebst du nur wenige Tage. Kokosnüsse können die Rettung sein, denn in jeder einzelnen verbirgt sich etwa ein Liter Kokoswasser. Rankommen ist ganz leicht: Zuerst die grüne, ledrige Außenhülle mit einem spitzen Stein abschälen. Erst darunter kommt die eigentliche, braune Kokosnuss zum Vorschein. An einer Seite findest du drei kleine, dunkle Punkte, hier ist die Schale am dünnsten und lässt sich mit einem spitzen Stein problemlos eindrücken. Falls du eine Plastiktüte hast, kannst du aus jeder Pflanze Wasser gewinnen. Einfach die Tüte darüber stülpen und abwarten. Durch die Sonneneinstrahlung verdampft die Flüssigkeit aus der Pflanze und kondensiert im Beutel, doch mehr als ein paar Teelöffel Wasser sind mit dieser Methode nicht drin. Am effektivsten ist es, Regenwasser in Kokosnusshälften zu sammeln. Aber Vorsicht: Mücken legen hier sehr schnell ihre Larven ab. Daher das Wasser vor dem Trinken durch dein T-Shirt fließen lassen, der Stoff wirkt wie ein natürlicher Filter.

Nicht verhungern

Riffe sind meist voller Muscheln und Krabben, die du bedenkenlos essen kannst. Dir unbekannte Früchte sind dagegen mit Vorsicht zu genießen – es gibt mehr giftige Pflanzen als du denkst. Wenn du aber keine Wahl hast, legst du ein Stück der Frucht auf die Innenseite deines Unterarms, wo die Haut dünn und empfindlich ist. Warte dann zwei Stunden, falls keine Hautreizung auftritt, legst du ein weiteres, wirklich kleines Stück auf deine Lippen und wartest erneut zwei Stunden. Wenn wieder nichts passiert, legst du ein winziges Stück für fünf Minuten auf deine Zunge. Dann heißt es wieder warten. Sollte nach fünf bis sechs Stunden keine Veränderung auftreten, bedeutet das wahrscheinlich, dass die Frucht genießbar ist. Ganz sicher sein kann man aber nie.

Feuer machen

Ohne Feuerzeug leider eine sehr langwierige Aufgabe: Dazu brauchst du zwei vollkommen trockene Holzstücke. Ein flaches, weiches Stück, in das du eine kleine Kerbe ritzt und einen fingerdicken, robusten Stock von etwa 60 Zentimetern Länge. Den Stock auf einer Seite anspitzen, in die Kerbe

stecken und zwischen den Handflächen so schnell wie nur möglich drehen. Nach einiger Zeit wird ein wenig Rauch aus der Kerbe aufsteigen, dann nur noch trockene Blätter oder anderes Brennmaterial in die Glut legen und schon züngeln die ersten Flammen.

Unterschlupf finden

Das Gerüst einer Hütte ist schnell gebaut, schwieriger ist ein wasserfestes Dach. Dazu nimmst du frische Palmwedel, da alte zu spröde sind und beim Flechten brechen würden, klappst sie in der Mitte zusammen und verwebst die langen, einzelnen Blätter miteinander. Ein Dach aus mehreren so verwobenen Palmblättern hält dich selbst beim stärksten Monsunregen trocken. Noch mehr Schutz bietet eine Höhle. Aber Achtung: Keinesfalls eine Höhle in der Nähe des Ozeans beziehen, bei starkem Wellengang oder dem nächsten Sturm kann sie schnell zur Todesfalle werden.

Nicht die Hoffnung verlieren

Schlimmer als Hunger und Durst ist das Gefühl, vollkommen allein zu sein. Irgendwann wirst du denken, dass du nicht mehr existiert, weil niemand weiß, wo du bist. So schwer es dir auch fällt, du darfst nie, wirklich nie die Hoffnung aufgeben. Tu alles nur Menschenmögliche, um gefunden zu werden: Fälle Bäume und lege damit ein SOS-Zeichen auf einer Lichtung. Oder baue auf dem höchsten Punkt der Insel ein riesiges Kreuz aus Steinen. Es fliegen mehr Flugzeuge herum, als man sich vorstellen kann, irgendwann wird jemand deine Zeichen sehen. Der Tag, an dem du die Hoffnung verlierst, wird der Tag sein, an dem du stirbst.

* Expertenrat holten wir uns von Xavier Rosset, der 300 Tage auf einer einsamen Insel verbrachte. Was er dabei alles erlebte, kannst du auf der nächsten Seite nachlesen.

Nachgefragt

Wie überlebe ich auf einer einsamen Insel?

Der Schweizer Xavier Rosset weiß, wie es geht. Der ehemalige Snowboardprofi verbrachte 300 Tage auf Tofua, einem unbewohnten Eiland im Südpazifik.

„Nachdem das Fischerboot mich auf Tofua, einer Vulkaninsel im Pazifik, abgesetzt hatte und am Horizont verschwunden war, begann mein Überlebenskampf. Ich hatte weder Wasser noch Nahrung bei mir, lediglich ein Schweizer Taschenmesser und eine Machete sollten mir helfen, in der Wildnis zurecht zu kommen.
Als erstes sammelte ich heruntergefallene Kokosnüsse ein und versuchte, sie mit meiner Machete zu öffnen, aber das war schwieriger als es aussah. Bis der erste Schluck Kokoswasser meine trockene Kehle herunterlief, vergingen 40 Minuten! Mein erster großer Sieg, denn in diesem Moment wusste ich, dass ich bis zum nächsten Morgen überleben würde. Was ich nicht wusste: Zu viel von diesem Saft wirkt wie ein Abführmittel auf unseren Körper. In den ersten zwei Monaten verlor ich fast 14 Kilo - mein gesamtes Übergewicht, das ich mir vor meiner Expedition als Fettreserve zugelegt hatte.
Ansonsten hatte ich mich nicht großartig auf mein Experiment vorbereitet. Die ersten zwei Wochen waren richtig hart: Neben den Kokosnüssen aß ich Wurzeln, Mangos und ab und zu ein paar Muscheln. Bis der erste Fisch anbiss, vergingen drei Tage, ich hatte ja noch nie zuvor geangelt! Glücklicherweise hatten mir die Fischer, die mich auf die Insel gebracht hatten, noch 50 Meter Angelschnur und ein paar Haken zugesteckt – ohne hätte mein Ernährungsplan wohl ziemlich einseitig ausgesehen. Meine selbst gebaute Hütte hielt lediglich ein paar Tage, genauer gesagt bis zum ersten Regenguss – das Dach war nicht wasserfest, weil ich die Palmblätter für das Dach nur aufeinander gelegt, aber nicht miteinander verwebt hatte. Am schlimmsten aber war die Einsamkeit. Nach zehn Tagen fiel ich in ein schwarzes Loch, von einer Sekunde auf die nächste war meine gesamte Motivation plötzlich wie weggeblasen, als hätte jemand den Stecker gezogen. Aber ich hatte mir diese Situation ja selbst ausgesucht und musste lernen, sie zu akzeptieren. Ab diesem Zeitpunkt ritzte ich jeden Morgen eine Markierung in den Stamm einer Kokospalme, so konnte ich sehen, wie die Zeit vergeht und ich meinem Ziel, Tag 300, immer näher kam.

Irgendwann wurde das Leben auf der Insel zur Routine, doch mir war stets bewusst, dass ich bei allem, was ich tat, sehr, sehr vorsichtig sein musste. Für den Notfall hatte ich zwar ein Satellitentelefon dabei, aber es hätte Tage gedauert, bis Hilfe gekommen wäre. Einmal stieß ich im Dschungel aus Versehen gegen ein Wespennest, was mir fünf Stiche bescherte. Die Wespen dort sind viel größer und giftiger als in Europa, und mir ging es sehr schnell sehr schlecht. Ich musste mich übergeben und fühlte plötzlich Teile meines Körpers nicht mehr, das Gift wirkte wie ein Lokalanästhetikum. Danach war ich viel vorsichtiger, wenn ich mir meinen Weg durch den Dschungel bahnte. Aber gegen Naturkatastrophen war ich machtlos: Zwei Mal erschütterten Erdbeben die Insel, und einmal zog ein Taifun über mich hinweg. Glücklicherweise hatte ich mein Camp etwa 60 Meter vom Strand entfernt aufgeschlagen, sonst wäre ich einfach weggespült worden. Einen Fehler hatte ich aber trotzdem begangen: Um von meinem Unterschlupf aus das Meer sehen zu können, hatte ich in eine Richtung alle Bäume gefällt. Durch diese Schneise bahnte sich der Sturm seinen Weg und peitschte mir eine ganze Nacht lang entgegen, am nächsten Morgen war ich nass bis auf die Knochen.

Die einzige Situation, in der ich wirklich Angst hatte zu sterben, begann ganz harmlos, mit einer kleinen Schnittwunde am Finger.

Erst schmerzte die Verletzung nur ein bisschen, aber bald konnte ich die komplette Hand nicht mehr bewegen. Ich wusste, dass ich etwas unternehmen musste, sonst würde die Infektion immer weiter fortschreiten und mich irgendwann umbringen. Also rief ich mit dem Satellitentelefon meinen Arzt in der Schweiz an und bat ihn um Rat. Er erklärte mir, dass ich die Infektion nur aufhalten könne, wenn ich die Wunde bis zum Knochen aufschneiden und säubern würde. Eine sehr schmerzhafte Behandlung, aber ich hatte keine andere Wahl, wenn ich mein Experiment zu Ende bringen wollte.

Ich habe auf der Insel viel gelernt. Etwa, dass es Dinge im Leben gibt, die man nicht ändern kann und man seine Energie besser nutzen sollte, um die Dinge zu ändern, die man ändern kann. Oder dass oft die einfachsten Momente voller Magie stecken - der erste gefangene Fisch, der endlose Blick über den Ozean, eine Nacht unter freiem Himmel. Haltet auf euren Reisen öfter mal an und schaut euch um, ihr werdet erstaunt sein, was ihr plötzlich alles entdeckt."

FINANZKRISE

Pleite am Ende der Welt? Keine Angst, mit den Tipps von Tom Thumb* kommst du sicher wieder nach Hause:

Hotelbetten – nein danke!

Beim Schlafen in der Natur sind Nässe und Kälte deine größten Feinde. Vor allem Sand kühlt nachts so sehr aus, dass du selbst in den Tropen frierst. Daher sind ein Schlafsack und irgendeine wasserdichte Unterlage, wie ein Regenponcho oder Boardbag, unerlässlich. Ansonsten können dich Mücken im Freien zum Wahnsinn treiben, wenn sie die gesamte Nacht Angriffe auf dich fliegen. Wenn ich kein Mückenschutzmittel zur Hand habe, mache ich Tabak nass und reibe mich mit dem braunen Brei ein – hilft genauso. Unangenehm können auch Schlangen sein, die anscheinend von Menschen in Schlafsäcken magisch angezogen werden und dann im Morgengrauen neben dir liegen. In einer Stadt einen Schlafplatz zu finden, ist komplizierter. Ich weiß nicht genau warum, aber ich habe die Erfahrung gemacht, dass es in einem reichen Viertel eher möglich ist, eine Nacht auf der Straße zu verbringen als in einem armen Viertel. Dort wird man viel seltener geweckt und weggejagt, vielleicht weil es die Polizei in einer wohlhabenden Nachbarschaft nur selten mit schlafenden Backpackern zu tun hat und sie daher auch leicht übersieht. Ansonsten sind Flughäfen ideal, um eine Nacht zu verbringen. Nirgendwo sonst in der Öffentlichkeit erregen Schlafende weniger Aufmerksamkeit. Abzuraten ist dagegen von einer Nacht auf einer Parkbank. Die Grünanlagen einer Stadt sind der Treffpunkt für allerlei Kleinkriminelle und partywütige Teenager. Absolute Ruhe mitten in der Stadt würde auch jeder Friedhof bieten, allerdings ist das Ambiente ziemlich gewöhnungsbedürftig.

Restaurantrechnungen – ohne mich!

Umsonst etwas zwischen die Zähne zu bekommen, erfordert Überwindung. Etwa beim sogenannten „Dumpster Diving“ – dem Durchwühlen der Mülltonnen hinter einem Supermarkt. Obstbäume, falls vorhanden, bieten sich als hygienischere Alternative an. Zuerst herunterschlucken muss jeder seinen Stolz, der den alten „Kaffee-Trick“ versucht: Einfach ein Selbstbedienungsrestaurant suchen – je größer und hektischer desto besser – dort stundenlang an einem Kaffee nippen, dabei abwarten, bis auf irgendeinem Tisch ein halbe Mahlzeit übrig bleibt und zuschlagen.

Reisekosten – kenne ich nicht!

Trampen ist unschlagbar günstig, aber eine wahre Kunst. Grundsätzlich gibt es zwei Varianten: An der Straße stehen und warten oder an einer Tankstelle Autofahrer direkt ansprechen. Bei beiden Methoden bleiben dem Fahrer nur Sekunden um zu entscheiden, ob du ein netter Junge bist oder ein durchgeknallter Serienkiller. Garantiert hilft dabei, gepflegt und frisch rasiert zu sein, genauso wie ein nettes Lächeln aufzusetzen. Schlecht sind bei der Kontaktaufnahme dagegen große Sonnenbrillen, Mützen oder Caps. Wenn der Fahrer deine Augen nicht sieht, kann er dich auch nicht einschätzen und wird vielleicht misstrauisch. Etwas Misstrauen ist allerdings auch für dich angeraten, denn wenn du einmal im Auto sitzt, kann dir alles mögliche passieren. Manchmal will ein Fahrer plötzlich Geld für seine Hilfe, vielleicht auch etwas Sex oder dich zu seiner Religion bekehren. Trampen ist für mich eines der letzten Abenteuer dieser Welt.

*Tom Thumbs Leben änderte sich, als er 20 wurde. Damals brach der Brite von England Richtung Indien auf, ohne einen einzigen Cent in der Tasche. Er trampte durch Frankreich, Deutschland, Bulgarien, Pakistan und einige andere Länder, bis er Goa erreichte, um dort die Saison am Strand zu verbringen. Heute ist er Mitte 30, reist immer noch, betreibt seine Website roadjunky.com und schreibt Bücher über Trips ohne Geld. Wenn einer weiß wie es weitergeht, obwohl du pleite bist, dann er.

ERSTE-HILFE-KURS

Du stehst am Strand, hast gerade die ersten Wellen des Trips geritten, und schon ist es passiert: In deinem Board klafft ein Loch! Was nun? Selbst reparieren, in einen Surfshop geben oder einfach ignorieren? David Kingdon* kann dir diese Entscheidung nicht abnehmen, weiß aber genau, welche Fehler du vermeiden solltest:

Ein Stück Wachs in das Loch stopfen: Viele denken, dass sie ihr Board so absolut wasserdicht versiegeln. Aber das stimmt nicht, ein Wachspfropfen wird nie 100-prozentig dicht sein und Wasser immer seinen Weg daran vorbei ins Innere finden. Schlimmer ist aber, dass Wachs auf Erdölbasis hergestellt wird. Öl greift den Schaumkern deines Boards an, macht ihn mürbe und verfärbt ihn hässlich braun.

Den Schaden ignorieren: Wenn du dein Board trotz einem Loch einfach weitersurfst, dringt Wasser immer tiefer in das Board ein, verteilt sich überall und beginnt, regelrecht an dem Schaumkern zu nagen. Plötzlich hast du dann nicht mehr nur ein Loch an der Nose, sondern auch eine weiche Stelle an einem Rail oder am Tail, weil die Feuchtigkeit an dieser Stelle den Schaumkern zerfrisst. Im schlimmsten Fall kann das Wasser auch den Stringer angreifen und verrotten lassen, bis dein Board plötzlich snappt.

Falsch reparieren: Um ein Loch für eine Session oder den letzten Tag eines Trips notdürftig abzudichten, reicht es, die Stelle mit Duct Tape abzukleben. Noch besser, um eine kurze Zeitspanne zu überbrücken, sind Instant-Reparaturmittel wie Solarez, mit denen du nur das Loch füllen und es dann ein paar Minuten im Sonnenlicht aushärten lassen musst. Aber so eine Reparatur ist nicht für die Ewigkeit, sie hält vielleicht drei Tage, vielleicht auch fünf, dann ist das Loch wieder offen. Wer sein Board dauerhaft wiederherstellen will, braucht ein Repair-Kit, das aus zwei Komponenten besteht: Harz und Härter. Nur damit hält eine Reparatur so lange wie das Board.

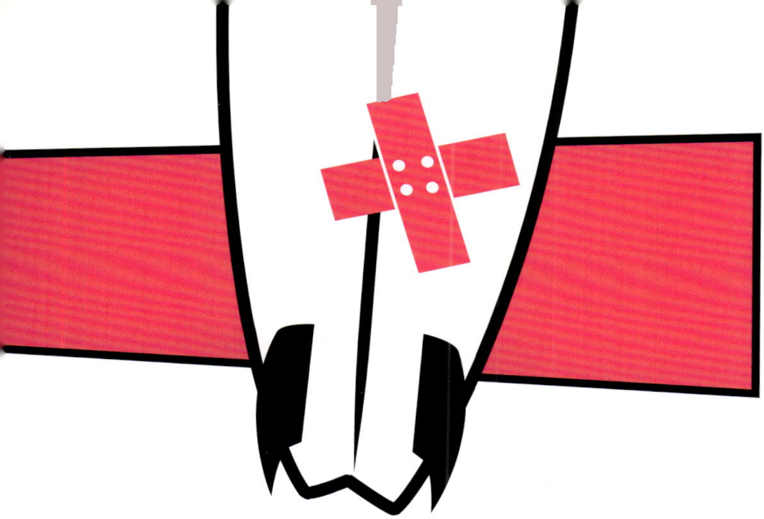

Zu viel Härter verwenden: Das ist wahrscheinlich einer der größten Fehler, die du begehen kannst. Wenn du für eine Reparatur Harz und Härter mischt, muss das Verhältnis genau stimmen, sonst brennt die Mischung dir regelrecht den Schaumkern weg. Das geht soweit, dass dein Board zu rauchen beginnt. Daher genau die Anleitung befolgen, und das Mischverhältnis nicht auf die leichte Schulter nehmen. Als Alternative gibt es inzwischen auch absolut idiotensichere Repair-Kits, bei denen du einfach nur ein Pulver sowie eine harzähnliche Flüssigkeit in das Loch füllen musst – hält bombenfest und du kannst eigentlich keine Fehler machen.

Nicht trocknen lassen: Ist dein Board im Inneren noch feucht, wenn du es reparierst, wirst du keinen Erfolg haben. Selbst der beste Shaper könnte ein feuchtes Board nicht reparieren. Aber schon eine Nacht in einem warmen Raum reicht aus, um den Kern zu trocknen. Allerdings nicht in die pralle Sonne legen, das ist Gift für jedes Board. Dabei kann sich die gesamte Luft im Inneren so aufheizen und ausdehnen, dass sich dein Board regelrecht aufbläst und Deck oder Bottom teilweise vom Kern ablösen, also delaminieren. Das kann übrigens auch passieren, wenn du dein Board an einem heißen Tag im Auto lässt.

Epoxy und Polyester verwechseln: Dieser Irrtum kann einen Totalschaden verursachen. Wer versucht, sein Epoxy-Board mit Polyesterharz zu reparieren, wird zusehen können, wie sich das Harz in den Kern frisst und aus einem kleinen Riss ein faustgroßes Loch wird. Ein Polyester-Board mit Epoxyharz reparieren, funktioniert dagegen ohne Probleme.

*Der Shaper aus England betreibt seit Jahren seine eigene Firma „Utopia Surf Factory" in Mimizan an der französischen Atlantikküste und hat schon mehr Boards repariert, als du dir vorstellen kannst.

SINNESTÄUSCHUNG

Du lehnst am Tresen einer dunklen Bar mitten in Downtown Kuta, der Stoke der Nachmittagssession steckt dir noch in den Knochen und jetzt steht diese unglaublich heiße Frau so nah neben dir, dass kaum ein Blatt Papier zwischen euren Körpern Platz finden würde. Kurz: Du fühlst dich wie der größte Superheld. Wenn nur der Barkeeper dich nicht ständig so breit angrinsen würde. „Irgendetwas stimmt hier nicht", sagt dir dein siebter Sinn. Aber die Beine der Schönheit sind einfach zu lang, ihre Wimpern zu verführerisch und ihre Stimme zu aufregend, als sie dir leise ins Ohr haucht, was heute noch alles möglich ist. Deine letzten Zweifel löscht der Arak aus, und die ganze Welt ist rosarot, bis dir im Dunkeln deines Hotelzimmers schlagartig klar wird, warum der Barkeeper ständig grinsen musste: Die unbekannte Schöne ist so männlich wie du selbst. Du bist einem Lady Boy auf den Leim gegangen und musst schreiend die Flucht ergreifen.

Eine Geschichte, die dir nie passieren könnte? Sag niemals nie!
Die Tarnung eines Benchong, wie Lady Boys auf Bali heißen, ist oft perfekt. Genauso wie die eines Kathoy in Thailand, eines Muxe in Mexiko oder eines Mahu auf Hawaii. Ein paar Indizien könnten dich allerdings skeptisch stimmen:

Ist deine neue Bekanntschaft **größer als 1.65 Meter**, solltest du ihr einen zweiten, aufmerksameren Blick schenken. Indonesische Frauen sind meistens klein und zierlich.

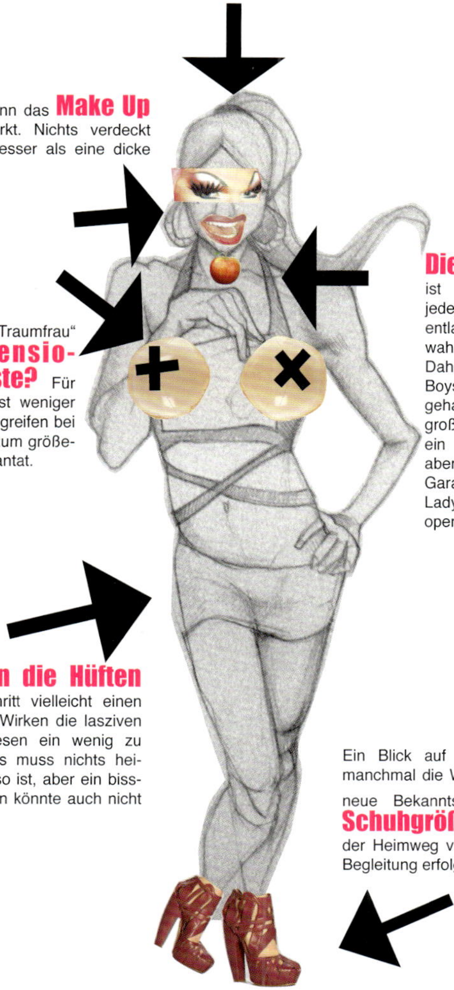

Aufpassen, wenn das **Make Up** übertrieben wirkt. Nichts verdeckt Bartstoppeln besser als eine dicke Puderschicht.

Die tiefe Stimme ist die Achillessehne jedes Benchong, sie entlarvt sofort das wahre Geschlecht. Daher sprechen Lady Boys sehr leise und mit gehauchter Stimme. Ein großer Adamsapfel kann ein weiteres Indiz sein, aber sein Fehlen keine Garantie, denn manche Lady Boys lassen ihn operativ entfernen.

Hat deine „Traumfrau“ **überdimensionale Brüste?** Für Transvestiten ist weniger nicht mehr, sie greifen bei Brust-OPs oft zum größeren Silikonimplantat.

Schwingen die Hüften bei jedem Schritt vielleicht einen Tick zu stark? Wirken die lasziven Posen am Tresen ein wenig zu übertrieben? Es muss nichts heißen, wenn es so ist, aber ein bisschen Misstrauen könnte auch nicht schaden.

Ein Blick auf die Füße offenbart manchmal die Wahrheit. Trägt deine neue Bekanntschaft **dieselbe Schuhgröße wie du,** sollte der Heimweg vielleicht besser ohne Begleitung erfolgen.

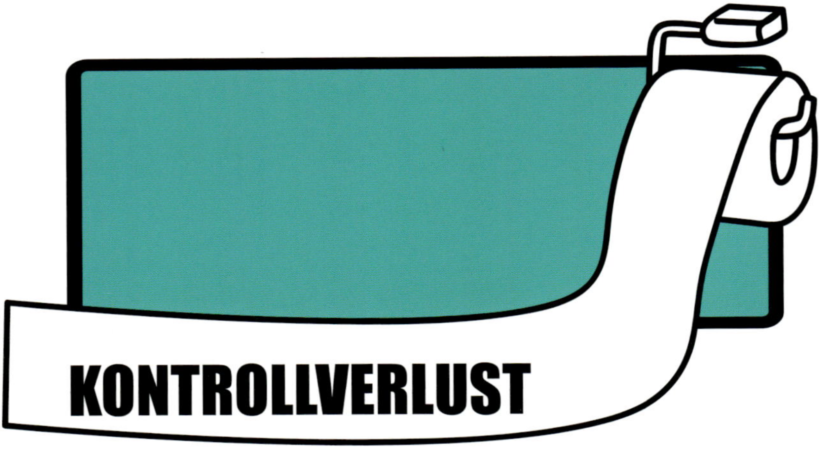

KONTROLLVERLUST

Die Idee verflucht zu sein, hatte Rob Machado schon wenige Tage nach seiner Ankunft auf Bali: „An diesem Tag erwachte ich schon bevor die Sonne aufging, geweckt vom steten Donnern der brechenden Wellen. Die Geräuschkulisse glich einem tiefen Grollen, das ohne Unterlass vom Wasser zu mir vordrang. Ohne Frage rollte ein großer Swell auf die Küste zu, und kaum fielen die ersten Sonnenstrahlen auf den Ozean, war ich im Wasser. Doch gerade als ich warm geworden war und Blut geleckt hatte, spürte ich, dass irgendetwas „in" mir absolut nicht in Ordnung war. Ich versuchte es zu ignorieren, doch ich hatte keine Chance. Die nächste Toilette erreichte ich gerade noch rechtzeitig, und kaum ging es mir besser, fing es wieder von vorne an. Pünktlich alle 30 Minuten sprintete ich los, man hätte die Uhr danach stellen können. Irgendwann überlegte ich, ob es mir vielleicht gut tun würde, noch einmal ins Wasser zu gehen und ein paar Wellen zu surfen. Falsche Entscheidung! Es wurde schlimmer. Das Klo überhaupt nur zu verlassen, war unmöglich. Alles was ich tun konnte, war mich auf meine Atmung zu konzentrieren, während ich auf die nächste Attacke aus meinen Innereien wartete. Am nächsten Tag brach immer noch eine perfekte Welle nach der anderen, für mich bestand das größte Glück aber aus einer Schale Reis, endlich konnte ich wieder essen. An surfen war nicht zu denken – war ich verflucht und würde nie eine gute Session in Indo haben?"

Was Rob Machado seine Session vermieste, kennen etliche Surfer unter dem Namen **„Bali Belly"**. In Mexiko heißt dieser totale Verlust über die eigene Verdauung **„Montezumas Rache"**, in Indien **„Bombay Belly"** und

im arabischen Sprachraum **„yalla, yalla"**, was übersetzt „schnell, schnell" bedeutet. Auslöser ist fast immer eine Lebensmittelvergiftung, die nach Schätzungen der amerikanischen Centers for Disease Control jährlich etwa zehn Millionen Touristen heimsucht und damit die häufigste Reisekrankheit der Welt ist.

Einen 100-prozentigen Schutz gibt es nicht, aber einige Dinge, die du vermeiden solltest. Etwa Leitungswasser in Asien, Afrika, Süd– oder Mittelamerika zu trinken. Verdächtig sind auch Eiswürfel, da du nie genau wissen kannst, ob sie aus Leitungswasser bestehen. In bekannten Touristenzielen hat es sich allerdings herumgesprochen, dass es dem Geschäft schadet, wenn die Kunden ständig krank werden, und so wird oft Trinkwasser aus Flaschen für die Eiswürfelproduktion benutzt – sicher ist das aber nicht. Salate aller Art sind ebenfalls eine riskante Mahlzeit, weil du nie weißt, wie die Blätter oder Früchte gewaschen wurden. Andere Mahlzeiten sind leichter einzuschätzen. Wenn du darauf achtest, dass jeder Fisch, jedes Stück Huhn oder sonstiges Fleisch gut durchgegart oder –gebraten ist, minimierst du deine Chance auf eine „Bali Belly"-Bekanntschaft um ein Vielfaches. Daher alles noch einmal auf den Grill werfen lassen, was den Anschein macht, in der Mitte roh zu sein.

Um schneller wieder auf die Beine zu kommen, schwören manche auf einen Extrakt aus Grapefruitkernen, der gegen Bakterien, Viren, Parasiten und alles, was man sich noch einfangen kann, helfen soll.

SCHMUTZWASSER

Timmy Turner dachte sich nichts dabei, als er am Strand von Huntington Beach schwimmen ging. Er wohnte nur einen Kilometer von seinem Home Spot entfernt und surfte hier fast täglich. Als er ein paar Tage später eine schwere Ohreninfektion bekam, war sich der Surf-Pro sicher, schnell wieder fit zu sein. Doch da hatten sich die Staphylokokken schon in seinem Kopf festgesetzt. Timmy kann sich nicht mehr an den Tag erinnern, als ihn sein Bruder Ryan ins Krankenhaus brachte, aber man erzählte ihm später, dass alle dachten, er wäre auf Drogen, weil er herumschrie und wie wild gegen Autos trat. Im Krankenhaus angekommen, war sein Gehirn bereits so stark angeschwollen, dass es sein rechtes Auge einfach aus der Augenhöhle herausdrückte. Das Fieberthermometer zeigte 41 Grad und irgendwann fiel Timmy ins Koma. Die Bakterien hatten bereits begonnen, seinen Schädelknochen zu zerfressen und die Ärzte sahen keine andere Möglichkeit, als alles infizierte Gewebe zu entfernen – am Ende der OP war von Timmys Schädeldecke nur noch ein Viertel übrig. Man gab dem 25-Jährigen keine großen Überlebenschancen, aber fast genau ein Jahr, nachdem er sich die Bakterien im verschmutzten Wasser von Huntington Beach eingefangen hatte, bekam er eine künstliche Schädeldecke eingesetzt. Vier Wochen später stand er wieder auf seinem Surfboard.

Timmy ist nicht der einzige Surfer, den eine Session in Huntington Beach krank machte. Es begann im Sommer 1999, als immer mehr Strandbesucher über Magenkrämpfe, Fieber und Durchfall klagten. Man entnahm Wasserproben und stellte fest, dass die Bakterienkonzentration viel zu hoch war. Die umliegenden Strände wurden vorübergehend gesperrt und Experten engagiert, um die Ursache für das Problem zu finden. Viele hatten die Kläranlage in Verdacht, die die Abwässer der gesamten Region sieben Kilometer vor der Küste von Huntington Beach in 60 Metern Tiefe einfach ins Meer fließen ließ. Doch bis heute konnte niemand einen Beweis für diese Theorie liefern und die Wissenschaftler sind noch immer ratlos, wieso ausgerechnet die Strände rund um Huntington Beach regelmäßig von Bakterien heimgesucht werden.

Surfer tragen ein dreimal größeres Risiko, sich eine Infektion zu holen als Badende, weil sie oft stundenlang im Ozean sind und bei Wipeouts auch immer wieder Wasser schlucken. Relativ harmlos sind Durchfall und Magenschmerzen, aber wer Pech hat, kann auch Hepatitis A oder eine Blutvergiftung erwischen. Außer Huntington Beach solltest du auch die folgenden Strände meiden:

Padstow, England: Die Strände im Südwesten der Insel gehören zu den schmutzigsten Europas. Nach tagelangem Dauerregen laufen die Kanalisationen in der Region über und die Abwässer landen ungeklärt im Meer. Eigentlich sollte das nur im Notfall und höchstens drei Mal im Jahr passieren. Aber durch die globale Erwärmung fällt mehr Regen als je zuvor, was dazu führt, dass Padstow – genauso wie viele andere englischen Küstenstädte – bis zu 40 Mal im Jahr seine Abflussrohre in Richtung Ozean öffnen muss.

Port Philip Bay, Australien: Normalerweise sind Rettungsschwimmer damit beschäftigt, Menschen vor dem Ertrinken zu retten. An diesem Strand an der Südküste Australiens verbringen sie ihre Zeit damit, im Sand nach Spritzen, zerbrochenem Glas und anderen Abfallprodukten zu suchen. Schuld daran sind die 300 Abwasserkanäle, die bei Hochwasser allen möglichen Müll aus der Umgebung um Melbourne in den Ozean vor Port Philip Bay schwemmen. Zwar wurden vor kurzem Filter installiert, die Abfälle ab der Größe eines Zigarettenstummels abfangen, aber gegen die Bakterien im Schmutzwasser sind sie machtlos.

Seminyak Beach, Bali: Laut Vorschrift müssen Hotels und Restaurants in Bali ein eigenes Abwasser- und Kanalisationssystem vorweisen. Doch die meisten Investoren scheuen die hohen Kosten, was dazu führt, dass die zahlreichen Luxushotels nördlich von Kuta ihre Abfälle und Abwässer einfach ins Meer ableiten.

Doheny State Beach, Kalifornien, USA: Kämpft mit ähnlichen Problemen wie Huntington Beach und wurde drei Jahre in Folge zum schmutzigsten Strand der USA ernannt, weil die entnommenen Wasserproben die nationalen Grenzwerte bei weitem überschritten. Die berühmten Surfspots Dana Point und Trestles liegen übrigens gleich um die Ecke.

Sandside Bay, Schottland: In Sichtweite liegt Dounreay, ein Atomkraftwerk, in dem es in den 60er Jahren eine Reihe von Unfällen gab, bei dem radioaktives Material austrat. Noch immer findet man in der Sandside Bay, einem beliebten Surfspot an der Nordküste Schottlands, regelmäßig strahlende Partikel. Ein Schild warnt Strandbesucher vor dieser Gefahr, und nur die abgebrühtesten Surfer wagen sich hier ins Wasser.

TANDEMRITT

„Das geht schief“, dachtest du schon, als der Surfer vor dir in die Welle droppte. Viel zu tief erschien der Take Off, als dass er der brechenden Lippe entkommen könnte. Er konnte nicht. Das Weißwasser verschluckte ihn und als er wenige Augenblicke später wieder auftauchte, war seine Leash gerissen und sein Board verschwunden. Es schien dem Surfer nicht viel auszumachen. Kaum hatte er realisiert, was geschehen war, begann er Richtung Ufer zu kraulen. Eine Szene, die du schon oft gesehen hast, kein Grund irgendetwas zu unternehmen – ein Irrtum! Aus irgendeinem Grund schien der Surfer nicht vorwärts zu kommen, nicht einmal die Weißwasserwalzen spülten ihn Richtung Strand. Die Strömung hielt ihn fest. Ein paar Minuten ging das so, da trafen sich plötzlich eure Blicke. Seine Augen waren voller Angst und du für ihn die letzte Hoffnung. Doch was jetzt, wie solltest du ihm nur helfen?

Eigentlich ist so eine Rettung aus dem Line Up ganz leicht. Rettungsschwimmer von Australien bis Florida benutzen dazu drei Meter lange Rescue Boards, auf denen sie zu einem Ertrinkenden paddeln, ihn auf das Board hieven und sich dann zu zweit auf dem Board liegend von einer Weißwasserwalze an den Strand spülen lassen.

Auf einem Shortboard funktioniert diese Technik genauso – wenn man keine Berührungsängste hat:

1. Aufsteigen: Dabei muss der Hintermann mit dem Kopf auf dem Rücken des Vordermanns liegen, so dass das Board möglichst waagrecht im Wasser liegt. Ein Shortboard ist so kurz, dass man darauf eng zusammenrücken muss.

2. Gas geben: Wenn eine Walze oder eine Welle heranrollt, so gut es geht paddeln und zwar beide.

3. Festhalten: Denn das Board wird im Weißwasser bocken wie ein wildes Pferd. Der Hintermann wird vielleicht sogar kurz von der Walze verschluckt. Aber nur für einen Moment – sobald das Board Geschwindigkeit aufgenommen hat, schießt es aus dem Weißwasser, und ihr könnt den Ritt an den Strand genießen.

SPIELVERDERBER

Manche Dinge verrät dir kein Reiseführer. Leider sind diese Geheimnisse oft auch noch recht unangenehm. Eine kleine Auswahl, was dich in der Ferne erwarten kann:

Bären in Kanada – sieht Peter Devries immer wieder. Der Pro gehört zu den besten Surfern an Kanadas Westküste und ist ständig auf Campingtrips an der Küste unterwegs, um die besten Wellen zu finden. „Begegnungen mit Bären sind für mich ganz normal", sagt Peter. „Ich bin hier aufgewachsen und die gehören in Kanada eben dazu – so wie Haie in Südafrika." Wer in den Wälder British Columbias wirklich auf einen Bären trifft, sollte zuerst laut schreien und die Arme über den Kopf heben, um größer zu erscheinen. Wegrennen ist generell schlecht, da das den Jagdtrieb des Raubtiers wecken könnte. Daher besser stehen bleiben, wenn der Bär näher kommt. Experten sagen, dass die meisten Angriffe nur Bluffs sind, um das Gegenüber zu testen. Wenn der Bär dann allerdings doch angreift, bleibt nur eins: Sich wie ein Fötus auf dem Boden zusammenrollen und so versuchen, die lebenswichtigen Organe zu schützen.

Beachshitting in Indien – ist heavy. Umweltorganisationen schätzen, dass 2009 die Hälfte aller Inder, das sind etwa 665 Millionen Menschen, keinen Zugang zu einer Toilette hat und sich daher gezwungenermaßen im Freien erleichtert. So kommen täglich geschätzte 100.000 Tonnen an menschlichen Exkrementen zusammen, die auf Feldern, Straßen, Stränden oder in Flüssen landen. Wer Indien besucht, glaubt das gerne. An manchen Stränden riecht das Meer wie eine Odelgrube, und wer ein Zugticket der dritten Klasse löst, kann manchmal erleben, wie eine Ecke des Wagons gar zur öffentlichen Toilette erklärt wird. Ausgerechnet die Strände erscheinen Hunderten geradezu ideal für ihre Morgentoilette – wer surfen will, sollte daher auf die Gezeiten achten. Ausnahmen von diesem Ritual gibt es nur in den größten Touristenorten, hier gelten Beachshitting-Verbote.

Drop Ins in Israel - erlebte der englische Surf-Pro Sam Lamiroy am eigenen Leib, als er vor ein paar Jahren für einen Videodreh ins heilige Land aufbrach. Sam kam an, als der Swell des Jahres das Mittelmeer zum Surfparadies machte, doch er ritt keine der Setwellen – zumindest nicht alleine. „Ich wartete geduldig, bis sich eine der großen Wellen vor mir aufbaute, paddelte an, sprang auf und sah fünf oder sechs Israelis vor mir in das Face droppen", erinnert sich Sam. „Ich dachte: Okay, kann ja mal passieren, wartete geduldig auf das nächste Set und wieder droppte mir jeder, der Lust hatte, in die Welle." So ging das die gesamte Session lang, bis sich Sam ziemlich genervt bei einem Local nach dem seltsamen Verhalten im Line Up erkundigte. Der antwortete nur: „Hier brechen sehr selten gute Wellen, wenn es dann endlich so weit ist, können wir nicht anders und paddeln jedes Set an, das auf uns zurollt." Die Wellen richtig abreiten kann am Ende natürlich niemand, da immer irgendein anderer Surfer im Weg ist.

Sandflies in Neuseeland – sind die Ausgeburt der Hölle. Die kleinen, nur zwei bis drei Millimeter großen Biester kommen nie alleine, sondern in Schwärmen, wenn nicht gar Wolken über dich. Siehst du die erste, haben dich zehn andere schon gestochen und das ist erst der Anfang der Attacke. Sie lauern überall wo Wasser ist, an Stränden, Bächen oder Tümpeln, auf der Südinsel Neuseelands genauso wie auf der Nordinsel. Eines der ersten bekannten Opfer war Captain James Cook, der im Mai 1773 folgenden Eintrag in sein Logbuch schrieb: „Das bösartigste Lebewesen Neuseelands ist die kleine, schwarze Sandfliege, deren Stiche einen so unglaublichen Juckreiz verursachen, dass es unmöglich ist, mit dem Kratzen aufzuhören." Die Locals haben schon etliche Gegenmittel ausprobiert, sich etwa mit Fischöl oder ranzigem Speck eingerieben, der hundertprozentige Schutz wurde bis heute nicht gefunden. Auf manchen für Sandflies berüchtigten Touren wird den Touristen sogar zu Handschuhen und Kopftüchern geraten, die unbedingt vor dem Aussteigen aus dem Bus anzulegen sind, denn sonst ist es zu spät.

KRIMINELLE ENERGIE

Alles beginnt immer ganz harmlos, so wie diese Taxifahrt vor einigen Jahren in Venezuela, als der deutsche Surfer Claudius Danesitz auf die Idee kam, den Fahrer nach einer Party zu fragen:
„‚Si', antwortete er sofort: ‚Good Party – I show you!' Ohne zu zögern nahmen mein Kumpel und ich das Angebot an, und los ging die Fahrt: weg von der Küste, hinein ins Landesinnere. Cool, dachte ich zuerst, doch dann dauerte die Reise immer länger, und irgendwann meldete sich diese innere Stimme, dass hier etwas nicht stimmte. Doch das war ein Fehlalarm. Als der Wagen in einem kleinen Dorf stoppte, war klar, dass der Fahrer nicht gelogen hatte. Hier stieg ein Volksfest mit Bierständen, Musik und allem, was dazu gehört. Wir stürzten uns ins Getümmel und merkten schnell, dass sich Touristen wohl nur selten hierher verirren. Wirklich jeder wollte mit uns reden, einer bot mir sogar seine Tochter zur Heirat an – allerdings nur im Spaß, glaube ich. Dann entdeckten wir das Glücksrad. Wie beim Roulette wurde hier auf Zahlen oder Farben gesetzt. Der einzige Unterschied zu einem Spielcasino war, dass der Einsatz gleich in bar und nicht in Jetons auf den Tisch gelegt wurde. Ich riskierte ein paar Scheine – umgerechnet vielleicht einen oder zwei Euro – und gewann. Ich setzte ein zweites Mal und gewann wieder. Da hatten wir Feuer gefangen, tranken Bier und spielten. Manchmal verloren wir unseren Einsatz, aber viel öfter gewannen wir. Vielleicht eine Stunde ging das so, und in meiner Hosentasche hatte sich schon ein ganz beachtlicher Packen an Scheinen angesammelt, als ich die Veränderung bemerkte: Plötzlich sah ich in den Augen der Locals nicht mehr nur Freude und Spaß. Da war noch etwas anderes – etwas, das mir Unbehagen bereitete. Vielleicht bildete ich mir die Gefahr auch nur ein, aber ich hatte nur noch einen Gedanken im Kopf: Wir sind die einzigen Touristen in einem Ort, dessen Namen wir nicht einmal kennen, und haben mehr Geld in der Tasche als die meisten hier in einem Monat verdienen. Ich wollte nur noch eins: den Gewinn loswerden. Also setzte ich alles auf eine Farbe. Leider hatte ich Pech und gewann. Statt des erhofften Totalverlustes bekamen wir noch viel mehr Geldscheine zugeschoben und es langsam mit der Angst zu tun. Doch dann kam mir die rettende Idee: Ich hielt die Scheine so, dass sie jeder sehen konnte, legte sie bei dem ‚Polar Beer'-Stand auf den Tresen und sagte: ‚Bier für alle.' Wieder arm fühlte ich mich schlagartig wohler."

Nicht alle Urlaubsabenteuer enden so glimpflich, denn Verbrecher erkennt man oft erst auf den zweiten Blick. Etwa wenn sie sich in ihrer Polizeiuniform vor dir aufbauen und dir ein Vergehen anhängen, das du nicht begangen hast. Oder wenn sie dir ein „brandneues" Board verkaufen und du erst zu Hause bemerkst, dass es in Wirklichkeit schon einmal in zwei Teile gebrochen war.

Kriminelle gibt es wie Sand am Meer – du darfst ihnen nur nicht in die Falle gehen.

GANGSTERTREFFEN

Plötzlich ist sie da, die Klinge an deinem Hals, die schneidende Stimme neben deinem Ohr und die Angst, dass du jetzt mehr verlieren kannst als nur dein Geld. Wie konnte es nur soweit kommen, und was ist in diesem Augenblick bloß zu tun? Ein Blick hinter die Kulissen eines Raubüberfalls:

Der Täter:

Nach Studien der australischen Polizei gibt es vier unterschiedliche Tätergruppen, die Raubüberfälle begehen. Glück hat, wer einem Täter gegenüber steht, der der Gruppe „Durchschnittstyp“ angehört: Familienväter oder Hausfrauen, eben Menschen, die normalerweise keine Verbrechen begehen würden, aber so verzweifelt sind, dass sie keinen anderen Ausweg mehr sehen. Diese Täter wollen den Überfall so schnell und unauffällig wie möglich durchziehen, daher ist Gewaltanwendung eher selten. Die zweite Gruppe sind Drogenabhängige, die versuchen, ihre Sucht zu befriedigen. Wahrscheinlich die gefährlichsten Täter, da sie oft unberechenbar und irrational handeln. Außerdem sind sie so verzweifelt, dass sie wirklich zu allem bereit sind. Eher aus Langweile begehen die sogenannten „Thrillseeker“ Verbrechen. Jugendliche oder Twens, die als Gruppe einen Schnapsladen oder Touristen überfallen, um Geld oder Alkohol zu organisieren. Gering ist eher die Wahrscheinlichkeit, einem Täter der vierten Gruppe zu begegnen: Professionellen Gangstern, die von Verbrechen leben. Sie wissen genau, was sie wollen und wie sie es bekommen.

Das Opfer:

Räuber suchen ihre Opfer nicht wahllos aus. Nur wer nach reicher Beute und leicht zu überwältigen aussieht, erscheint ideal. Also beispielsweise auch ein Surftourist, der angetrunken aus einer Bar stolpert oder – noch besser – zum nächsten Geldautomaten geht. Wie der Überfall abläuft, hängt vor allem von der Situation ab. In einer einsamen Gasse wird ganz klassisch die Pistole gezogen und Geld verlangt oder auch zuerst zugeschlagen und dann nach Wertsachen gefragt. In der Öffentlichkeit geht alles schneller: das Handy, die Kamera oder der Geldbeutel einfach aus der Hand gerissen und sofort die Flucht ergriffen. Manchmal wird das Opfer auch zuerst in ein Gespräch verwickelt, damit der Täter unauffällig in Reichweite der potentiellen Beute gelangen kann. Nach Angaben des FBI erfahren in den USA etwa die Hälfte aller Opfer von Raubüberfällen körperliche Gewalt. 20 Prozent davon benötigen medizinische Hilfe, und sechs Prozent aller Tötungsdelikte werden als Raubmord eingestuft.

Die Strategie:

„Keinen Widerstand leisten“, lautet der Ratschlag des Auswärtigen Amtes, wenn es in Honduras, El Salvador oder Mexiko zu einem Überfall kommt. In diesen Ländern sind Waffen so weit verbreitet wie die Bereitschaft, sie auch zu benutzen. Ein Rat, den auch der südafrikanische Wissenschaftler Rudolph Zinn gibt, der für sein Buch „Home Invasion“ mit etlichen Tätern sprach und so deren Sichtweise erforschte. Wenn etwa ein Opfer zögert und nicht sofort sein Geld herausgibt, wird ein Täter leicht argwöhnisch und denkt, dass ihm vielleicht ein paar Dollar oder Wertgegenstände vorenthalten werden. Diesen Widerstand mit Gewalt zu brechen, ist dann der nächste Schritt. Das Beste ist, möglichst ruhig zu bleiben, den Täter nicht anzusprechen, seine Hände offen zu zeigen und auf jede Anweisung sofort zu reagieren. Selbst dem Gegenüber in die Augen zu schauen, kann als Provokation gewertet werden. Schlecht beraten ist jeder, der seiner Wut durch Beleidigungen Luft macht. Der jüngste Raubmörder, den Zinn für sein Buch interviewte, war gerade 13, als er sein Opfer erschoss. Als Grund gab er an, dass ihn das Opfer „nicht als Mann respektiert hat“.

FALLENSTELLER

Touristen sind Freiwild und der Einfallsreichtum sie zu erleichtern, scheint unbegrenzt. Zumindest legt eine Geschichte von Tom Thumb, dem vielleicht erfahrendsten Backpacker der Welt und Gründer von roadjunky.com, diesen Verdacht nahe. Dabei geht es um zwei deutsche Mädchen, die kurz nach ihrer Ankunft in Delhi im Norden Indiens von einem Local angesprochen wurden. Der Mann war überfreundlich und beschrieb den beiden das Guesthouse seiner Familie in den schillerndsten Farben: Ein Hausboot auf dem See Dal in der Provinz Kaschmir, von dem sie Ausblick auf den Himalaya hätten. Er war so überzeugend, dass die beiden wirklich die 36-stündige Fahrt zu dem See in Kauf nahmen. Alles war perfekt – bis das Hausboot vom Ufer ablegte. Da wirkte die indische Familie plötzlich sehr besorgt und erzählte von neuen Konflikten in der Provinz: Es hätte Schießereien gegeben und Tote sollten in den Straßen liegen. Für die Mädchen sei es viel zu gefährlich an Land zu gehen, sie würden sicher gekidnappt oder erschossen. Aber alles sei gut, solange sie auf dem Boot blieben, hier drohe ihnen keine Gefahr. Nur die Preise für Lebensmittel hätten sich durch den Konflikt vervierfacht. Drei Wochen ging das so, bis die beiden Mädchen pleite waren – doch wie es der Zufall wollte, war genau in diesem Moment der Konflikt vorbei und es wieder sicher, das Hausboot zu verlassen.

So ein Bürgerkriegsszenario zu entwerfen, erfordert einiges an Fantasie. Drei der beliebtesten Touristenfallen sind simpler gestellt:

Autos mit Eigenleben

Wie geht's: Eines Morgens bleibt der Mietwagen nach wenigen hundert Metern plötzlich stehen und springt nicht mehr an. Da kommen ganz zufällig ein paar Locals vorbei, die angeblich auch noch Automechaniker sind. Innerhalb von ein paar Minuten erkennen sie das Problem, beheben es und verlangen eine unverschämte Summe für ihre Hilfe.

Was tun: Offensichtlich, dass die freundlichen Mechaniker den Wagen in der Nacht zuvor präpariert haben. Dabei wird aber nicht wirklich etwas beschädigt, sondern nur ein Kabel oder eine Leitung abgeklemmt. Wer ein wenig von Autos versteht, kann den Fehler schnell selber finden. In Indonesien hat fast jeder alte Mietwagen einen Filter in der Benzinleitung – wenn dein Auto nach 100 Metern stehen bleibt, lohnt es sich nachzusehen, ob an dieser Stelle nicht vielleicht die Benzinleitung abgeklemmt wurde.

Geldwechsler mit doppeltem Boden

Wie geht's: Das Ergebnis ist immer das gleiche: Du bekommst zu wenig Wechselgeld für deine Euros. Die Vorgehensweise ist allerdings unterschiedlich. Manche Geldwechsler benutzen manipulierte Taschenrechner, die sich zu deinen Ungunsten verrechnen, andere lassen einfach ein paar Scheine beim Zählen hinter den Tresen fallen und manchmal bekommst du Banknoten ausgehändigt, die seit der letzten Währungsreform ungültig sind.

Was tun: Bei Geldwechslern, die einen besseren Kurs als die Banken anbieten, muss etwas faul sein. Sie könnten gar keinen Gewinn machen, wenn sie dich nicht reinlegen – daher meiden!

Das Geschäft deines Lebens

Wie geht's: In Sri Lanka oder Indien sind es Edelsteine und in arabischen Ländern Gold oder Schmuck – Handelsgüter, über die du nicht viel weißt. Doch das ist egal, kaum hat dich der Verkäufer eingewickelt, witterst du das Geschäft deines Lebens. Alles scheint so einfach: Du kaufst hier billig Gold oder Edelsteine und verkaufst zu Hause zum zigfachen Preis. Der Händler rechnet es dir vor, zeigt dir internationale Preislisten, alles was du tun musst, ist zuzugreifen. Doch wenn du das tust, tappst du in die Falle.

Was tun: Sei ehrlich zu dir und widerstehe der Verlockung des schnellen Geldes! Du hast keine Ahnung, ob die Steine des Händlers wirklich wertvoll sind oder nicht, und du weißt auch nicht, ob seine Preisangaben stimmen oder reine Fantasie sind.

NIICE PRICE

KAUFBERATUNG

Es passiert jeden Tag: Hinterhältige Surfshop-Besitzer betrügen ihre Kunden nach Strich und Faden! Sie preisen Second-Hand-Boards als kaum gesurft und praktisch neu an, obwohl das Board tatsächlich schon von einer Welle in zwei Teile gebrochen wurde. Sie verstehen ihr Handwerk und sind Meister im Verstecken jeglicher Reparaturen. Aber du kannst sie durchschauen, wenn du die Tipps von Shaper David Kingdon* befolgst:

„Keine Reparaturstelle zu sehen, heißt nicht, dass es keine gibt. Optische Täuschungen gibt es viele, das geht so weit, dass das komplette Deck eines Boards mit einer neuen Schicht Tinted Resin – also eingefärbtem Harz – überzogen wird. Da ist dann wirklich keine Spur eines Bruchs oder Lochs im Board zu sehen. So weit gehen aber nur wenige, meistens wird dem kaputten Board nach der Reparatur nur ein Spray-Job verpasst. Typischerweise verläuft dann ein farbiges Band rund um das Board oder ein großer Stern ist irgendwo platziert.

Im Gegensatz zur Optik verrät das Gewicht alles. Jeder Surfer hat ein Gefühl dafür, wie schwer ein Board ist. Wenn du ein gebrauchtes Surfboard kaufen willst, dann nimm es in die Hand und überlege, ob dir das Gewicht normal vorkommt. Denn wenn das Board schon einmal gesnappt war, wird es viel schwerer sein. Bei so einer Reparatur werden zwei neue Stringer eingesetzt und eine Menge Harz verwendet, das wirkt sich extrem auf das Gewicht aus.

Es gibt einen Trick, der eine große Reparaturstelle noch deutlicher zeigt. Dazu hältst du das Board genau in der Mitte, mit einer Hand an einem Rail. Dabei darf weder Nose noch Tail nach unten sinken, sondern das Surfboard horizontal bleiben – wie eine Waage im Gleichgewicht. Ansonsten stimmt etwas nicht, dann wurde auf der Seite, die es nach unten zieht, eine größere Reparatur versteckt.

Eine andere Methode ist, vom Tail zur Nose oder umgekehrt an den Rails entlang zu schauen. Bei einem Board, das schon einmal gesnappt war, wirst du sicher eine kleine Delle, eine Wölbung oder den Ansatz eines leichten Knicks sehen. Selbst der beste Shaper bekommt ein zerbrochenes Board nicht wieder ganz perfekt hin, da bleibt immer irgendwo ein kleiner Makel zurück – du musst ihn nur finden."

*Der Shaper aus England lebt seit Jahren in Mimizan an der französischen Atlantikküste, wo er seine eigene Firma „Utopia Surf Factory" betreibt, und weiß genau, wie man selbst die beste Reparatur erkennen kann.

DIEBSTAHLPRÄVENTION

Tatort Surfcamp: Es geschah in einer windigen Oktobernacht. Der Regen peitschte an die Fenster des Surfcamps bei Peniche in Portugal, und um 23 Uhr hatten sich alle der zwei Dutzend Surfer in die Zimmer rund um den Innenhof zurückgezogen. Das Gebäude war wie ein Western-Fort gebaut, in das nur ein einziges Tor führte. Dementsprechend sicher fühlten sich alle in dieser kleinen nach außen abgeschlossenen Welt – doch das war ein Fehler. Die Diebe kamen im Schutz des Sturms. Durch den Lärm der klappernden Fensterläden und des pfeifenden Winds hörte niemand die Schritte der Eindringlinge, als sie etliche, teils brandneue Wetsuits zusammenrafften und wieder verschwanden.

Tatort Strand: Die Session an Balis Legian Beach war lang gewesen. Seitdem der Surfer in den frühen Morgenstunden die erste Welle geritten hatte, waren Stunden vergangen. Jetzt brannte die Mittagssonne erbarmungslos vom Himmel, und der Surfer zog sich in den Schatten der Palmen am Strand zurück. Er war nicht alleine, um ihn wimmelte es nur so von Verkäufern, Touristen und Locals. Er betrachtete das Treiben, spürte die angenehme Brise des leichten Offshores auf der Haut und döste langsam ein. Sein Board lag direkt neben ihm, als ihm die Augen zufielen. Es war weg, als er sie 30 Minuten später wieder aufschlug. Irgendjemand hatte das Board geklaut, obwohl es nur eine Armlänge von ihm entfernt und er mitten auf einem belebten Strand zwischen unzähligen Menschen lag.

Tatort Campingplatz: Er hatte es nicht mehr in Deutschland ausgehalten, die Rückbank seines alten Audi-Kombis ausgebaut und war Richtung Frankreich gestartet. Jetzt parkte der Surfer schon über eine Woche unter den Pinien eines Campingplatzes, nur die große Sanddüne zwischen sich und den Wellen des Atlantiks. Nachts schlief er im Auto, leider aber ohne sein Board neben sich zu verstauen. Dafür war der Kombi einfach zu eng. Er lehnte das Board aber auch nicht an einen Baum oder legte es auf das Dach seines Wagens – das wäre ihm zu unsicher gewesen. Stattdessen schob er es unter sein Auto, ließ beim Schlafen die Kofferraumklappe offen und befestigte auch noch die Leash im Auto direkt neben seinem Kopf. Jeder Dieb müsste sich ihm bis auf Armlänge nähern, um das Board unter dem Auto herauszuziehen – das würde keiner wagen, dachte er. Doch eines Morgens war die Leash durchgeschnitten und das Board verschwunden.

Drei Anekdoten, die zeigen, dass du dich nie zu sicher fühlen solltest. Egal wo du bist und wie unwahrscheinlich es dir erscheint, hat sicherlich schon irgendjemand ein Auge auf deine Habseligkeiten geworfen. Natürlich sind Touristenorte zur Hauptsaison am gefährlichsten, denn Diebe zieht es zu Urlaubern wie Motten zum Licht. Surfer sind dabei gern gesehene Opfer, für deren Boards oder Wetsuits stolze Preise zu erzielen sind. Alles was du tun kannst, ist aufzupassen wie ein Schießhund und dir wirklich nie zu sagen: „Wird schon nicht passieren.“ Denn genau auf diese Chance warten Diebe und schlagen dann zu.

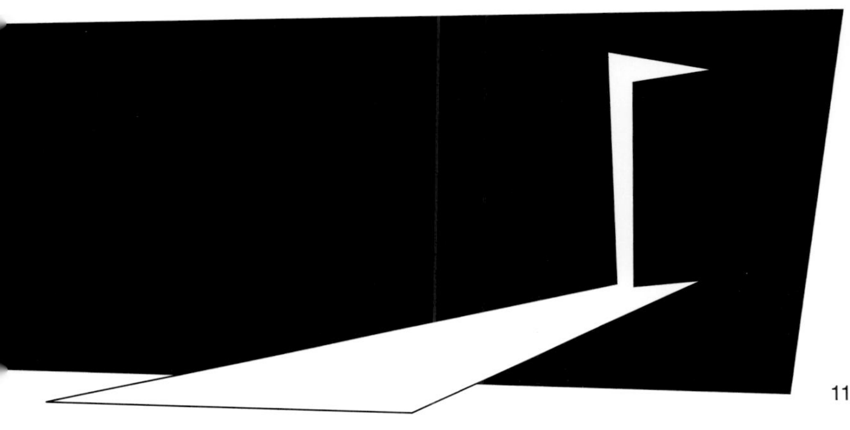

SONDERAUSGABEN

Eine Warnung vorab: Die folgenden, hier beschriebenen Vorgänge gibt es offiziell nicht. Dennoch existieren sie und laufen nach Erzählungen etlicher Surfer überall nach dem gleichen Muster ab, egal ob in Indonesien, Nicaragua, Sri Lanka oder Mexiko.

Alles beginnt immer, wenn du dich hinter das Lenkrad deines Mietwagens geklemmt oder auf dein Moped geschwungen hast. Tatsächlich wäre der Verzicht auf einen fahrbaren Untersatz wohl die ultimative Lösung, um sich einen Einblick in die Schattenwirtschaft der Ordnungshüter zu ersparen. Aber dann blieben viele Spots leider unerreichbar.

Als nächstes betritt dein Gegner die Bühne, in Form eines Polizisten am Straßenrand. Warum er dich heranwinkt und zum Anhalten zwingt, ist dir schleierhaft. Dem Cop in diesem Moment vielleicht auch noch, aber er wird dir schnell einen Grund nennen. Vielleicht warst du nicht angeschnallt, vielleicht sind es auch deine Boards auf dem Dach, möglicherweise will er auch deinen internationalen Führerschein sehen oder er sagt einfach: „Du bist zu schnell gefahren."

Der nächste Akt des Spiels trägt die Überschrift: Einschüchterung. Der Cop sagt, dass dein Vergehen schwerwiegend ist, spricht von einem großen Problem und wird dich, falls du direkt vor einer Polizeistation angehalten wurdest, nach drinnen bitten. Denn plötzlich von deinen Freunden im Auto getrennt, ganz alleine einem Polizisten in einem fremden Land gegenüber sitzend, wird selbst dem erfahrensten Weltreisenden etwas mulmig zumute – alles pure Berechnung! Doch wie kommst du jetzt aus diesem Spiel wieder raus, oder noch besser: **Wie gerätst du erst gar nicht hinein?**

Ein paar Rollen bieten sich an:

Der Blinde: Natürlich ist der Polizist am Straßenrand nicht zu übersehen, trotzdem erkennst du ihn nicht. Schau stur geradeaus und gehe nicht vom Gas. Diese Taktik funktioniert fast immer, und sollte wirklich ein Polizist die Verfolgung aufnehmen, kannst du immer noch anhalten und behaupten: „Ich habe nichts gesehen, wirklich!“

Der Verständnisvolle: Du hast angehalten und sitzt dem Cop gegenüber. Immer wieder stellt er fest, wie schlimm dein Verstoß ist und wie lange es dauern wird, bis der Richter über den Fall entscheiden kann, sicher ein paar Tage, vielleicht auch ein paar Wochen. Jetzt ist es Zeit für deinen Einsatz. Zeige dich verständnisvoll, bereue deinen Verstoß und stelle dann die magische Frage: „Gibt es denn wirklich keine Möglichkeit, die Situation hier und jetzt zu bereinigen?“ Wetten, dass es eine gibt?

Der Abgebrannte: Eine Rolle, die dir hilft, die Strafe für dein Vergehen so günstig wie möglich ausfallen zu lassen. Dafür ist allerdings etwas Vorbereitung nötig: Eigentlich nur ein paar Scheine, die du getrennt vom Rest deines Geldes in die Tasche steckst. Wenn der Cop dir dann anbietet, deine Strafe sofort zu begleichen, dir die Summe aber viel zu hoch erscheint, ziehst du die Scheine aus der Tasche und sagst: „Mehr habe ich nicht.“

Fehler, die du nicht begehen solltest:

Panik bekommen! Mach dir klar, dass du kein wirkliches Verbrechen begangen hast, auch wenn der Cop so klingen mag. Bleib cool und betrachte das Ganze als geschäftliche Transaktion.

Respektlos sein! Polizisten sind gewohnt, dass jeder ihre Autorität respektiert. Warum unnötig Ärger und womöglich sogar eine höhere Strafe riskieren, nur weil du dem Cop sagst, was du von ihm hältst? Benutze auch nie das Wort Bestechung, sondern sprich immer von einer Strafe.

Denken, dass du dich auch in Europa, den USA oder Australien so dem Griff der Ordnungsmacht entziehen kannst! Wer hier das Stoppzeichen eines Polizisten ignoriert, endet schnell in den Abendnachrichten.

GUTE REISE

Laut dem World Factbook des amerikanischen Geheimdienstes CIA besitzt Deutschland insgesamt 2.389 Küstenkilometer, fast doppelt so viel wie Irland. Trotzdem sind wir kein beliebtes Reiseziel für Surfer. Im Gegenteil: Wir stecken jeden Urlaubstag und hart verdienten Cent in den nächsten Surftrip, sitzen Tage im Auto oder fliegen um die halbe Welt. Wofür? Um genau 40 Minuten pro Jahr zu surfen! Viel mehr verbringt ein durchschnittlicher deutscher Surfer nämlich nicht auf der Welle. Gehen wir von 28 Tagen Urlaub pro Jahr aus, die sich auf zwei Trips verteilen, realistisch für jemandem mit festem Job. Davon gehen für An- und Abreise zwei Tage pro Trip drauf, bleiben also 24 Tage, und wer auch noch Flat- oder Pausetage mit einrechnet, ist schnell bei 20 Tagen angekommen. Bei zwei Sessions pro Tag wären das insgesamt 40 Sessions. Die meisten von uns verbringen durchschnittlich zwei Stunden im Wasser, in denen sie, je nach Bedingungen, vielleicht zehn Wellen surfen. Ein Ritt dauert selten länger als sechs Sekunden, was dann eine Minute reine Surfzeit pro Session wäre. Macht also 40 Minuten, die wir im Jahr wirklich auf dem Surfbrett stehen. Das klingt nach nicht viel. Trotzdem nehmen wir dafür 16 Stunden-Flüge auf uns, schlafen in den heruntergekommensten Absteigen und quetschen uns in völlig überfüllte Busse, die in Deutschland schon vor 20 Jahren nicht mehr durch den TÜV gekommen wären. Wieso? Weil 40 Minuten Stoke eben mehr wert sind als zwei Wochen Luxusurlaub in Hurghada.

Um aus diesen 40 Minuten das Beste zu machen, gilt es einiges zu beachten. Denn nichts ist schlimmer als am Zielort dein Surfboard auszupacken und festzustellen, dass es den Flug nicht ohne Blessuren überstanden hat, oder bei perfekten Wellen nicht surfen zu können, weil dein Körper streikt.

Vorbereitung ist alles – im Leben wie auf Reisen.

GEPÄCK KONTROLLE

Dinge, die einen Trip retten können:

Ohropax: Absolut unverzichtbar, falls das Baby in der Reihe vor dir beschließt, vom Abflug in Frankfurt bis zur Landung in Agadir durchzuschreien, dein Bungalow in Sri Lanka jede Nacht um Punkt 5 Uhr 25 wackelt, weil der Morgenzug in nur zehn Metern Entfernung vorbeirattert oder auf Bali der Aussi im Zimmer neben dir nach seinen zehn Bintangs schnarcht, wie du es bisher nur in amerikanischen Comedys gehört hast.

Ersatz: Finnen brechen, Leashs reißen und Fin Keys lösen sich scheinbar in Luft auf – meist auch noch im denkbar dümmsten Moment, wenn die besten Wellen des ganzen Trips laufen. Also nimm Ersatz mit. Nichts ist schlimmer, als am Ende der Welt tagelang nach einer neuen Finne zu suchen, während deine Freunde eine Session nach der anderen rocken.

Duct Tape: Ohne eine Rolle dieses bärenstarken Klebebands hätten die Astronauten 1970 die havarierte Apollo 13-Kapsel nicht notdürftig reparieren und sicher zur Erde zurückkehren können. Zuvor hatten schon US-Piloten im Vietnamkrieg die Rotorblätter ihrer Hubschrauber mit dem Wundertape zusammengeflickt. Wohl Beweis genug, dass Duct Tape hält, was du erwartest. Egal ob du dein zerrissenes Boardbag wieder zusammenklebst, ein klaffendes Loch in einem Rail abdichtest oder den Verband über der Fleischwunde an deinem Fuß fixierst, es wird dich nicht enttäuschen.

Sekundenkleber: Das Produkt der Wahl für etliche Pro-Surfer, wenn sie sich mit einer Finne die Ferse aufgeschlitzt, einen Zahn durch die Unterlippe geschlagen oder sonst wie malträtiert haben. Tatsächlich ist Sekundenkleber schon seit etlichen Jahren in den USA ganz offiziell zur Wundversorgung zugelassen und vor allem bei langen, schmalen Schnittwunden ideal. Nur nicht vergessen, vorher zu desinfizieren.

Betaisodona: Ist nur eines der Mittel, die es als Salbe, Pulver oder flüssig zum Desinfizieren kleiner Wunden gibt. Egal ist, welches du davon wählst, wichtig ist nur, überhaupt ein Desinfektionsmittel dabei zu haben, denn eine entzündete Wunde ist das Letzte, was du dir wünschst.

Ehering: Ist nur für Surferinnen interessant und kann gerne eine Fälschung sein. Aber nichts auf der Welt hält lästige Verehrer an einem Strand Balis, Sri Lankas oder sonst wo in Asien leichter auf Abstand als ein Ehering an der Hand.

VERPACKUNGSKUNST

Australiens Surflegende Mark Occhilupo soll einmal mit einem brandneuen, noch blütenweißen Stick am Flughafen angekommen sein und das Board ohne jegliches Bag beim Check-In auf das Laufband gelegt haben – vollkommen überzeugt, dass das Personal gut auf sein Board aufpassen wird. Wie es am Ziel ankam, ist nicht überliefert. Aber als Surf-Pro hätte Occy auch einen Totalverlust verschmerzen können, jeder andere sollte in ein Boardbag investieren.

1 Größe: Ist das Bag so eng, dass sich der Stoff schon spannt, wenn du den Reißverschluss zuziehst, verliert das Bag seine polsternde Wirkung und gibt jeden Schlag direkt an das Board weiter. Außerdem riskierst du, dass der Reißverschluss beim Ein- oder Ausladen aufplatzt und sich der Inhalt auf die Rollbahn ergießt. Ist das Bag zu groß, lässt jeder Aufprall dein Board darin herumfliegen. Das ideale Bag sollte rund um dein Board noch zwei Fingerbreit Platz lassen.

2 Rails: Die Transportschäden betreffen Nose oder Tail, erst danach kommen die Rails. Der kalifornische Pro Dane Gudauskas klemmt zu deren Schutz einfach ein paar Handtücher seitlich zwischen Boards und Bag. Eine beliebte Methode ist auch, das gesamte Board mit Luftpolsterfolie zu umwickeln. Perfektionisten besorgen sich Rohrdämmung aus Schaumstoff, schneiden diese weichen Schaumröhren in der Mitte durch und ummanteln damit die Rails.

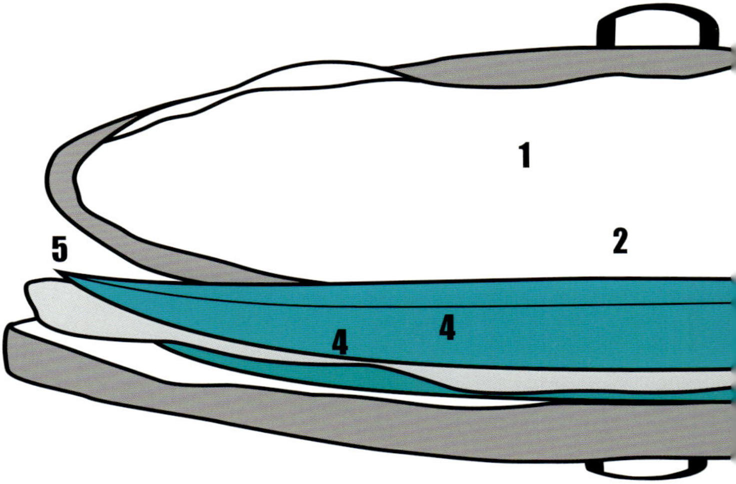

3 Finnen: Klar dass Finnen, wenn möglich, vor dem Flug ausgebaut werden. Wichtig ist nur, sie in einer der Taschen zu verstauen, da sie viel Schaden anrichten können, wenn sie einfach so im Bag herumfliegen. Denn Finnen haben überall scharfe Kanten und Ecken, außerdem ist ihr Material viel härter als das der Boards. Wer ein Board mit einlaminierten Finnen surft, sollte viel Sorgfalt auf deren Schutz verwenden. Am besten funktioniert wohl ein größerer Styroporblock, der auf alle Finnen gesteckt wird.

4 Check-In: Du hast immer nur ein Board dabei – egal wie groß dein Bag wirklich ist. An den meisten Flughäfen wirst du damit durchkommen und nur für ein Board bezahlen müssen. Manchmal werden sie dir auf die Schliche kommen, beim Abflug in Bali wird beispielsweise jedes verdächtige Bag aufgemacht und nachgezählt, doch dann zahlst du auch nicht mehr als sowieso fällig gewesen wäre.

5 Nose & Tail: Wenn Dane Gudauskas auf einen Trip geht, packt er immer drei oder vier Boards ein. Er fängt ganz unten in seinem Bag mit dem längsten Surfboard an und legt dann immer kürzere darauf, stapelt sie praktisch in Form einer Pyramide übereinander. Um Nose und Tail der Boards zu schützen, stopft er noch je ein Kopfkissen, die er nach eigenen Angaben immer aus irgendwelchen Hotels mitgehen lässt, vorne und hinten in das Bag. Andere Surfer schwören zu diesem Zweck auf eine dicke Lage Luftpolsterfolie oder auf kleine Styroporblöcke, die sie passend aushöhlen und auf Nose und Tail stecken.

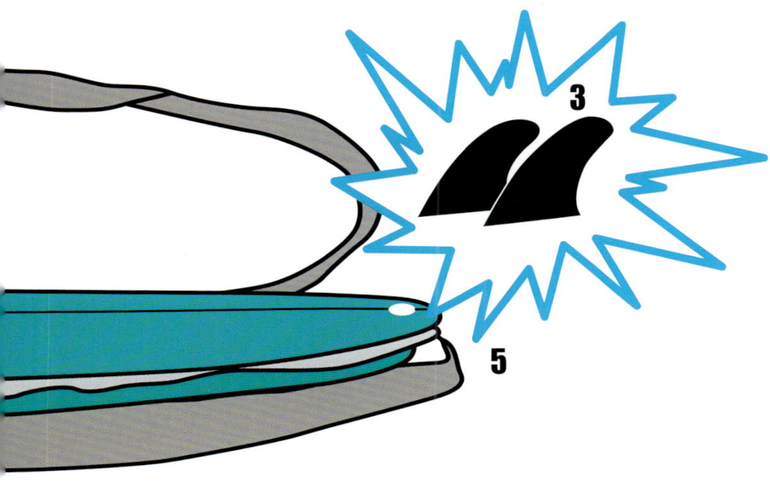

FLUGSCHULE

18 Stunden und 30 Minuten dauert der längste Flug der Welt: nonstop von New York nach Singapur. Wer von Deutschland nach Australien reist, kommt mit Zwischenstopp sogar auf über 20 Stunden reine Flugzeit. Eine Tortur für jeden Körper. Doch wer ein paar Grundregeln beachtet, fliegt besser!

Die Kleider-Regel: „Klar – Jogginghosen sind bequemer als Jeans, aber wer ein bisschen auf sein Aussehen achtet, hat beim Check-In-Schalter bessere Chancen auf einen Upgrade, falls der Flieger überbucht ist", weiß die deutsche Profi-Surferin Eva Kreyer, die schon zwei Mal Business Class fliegen durfte, ohne dafür zahlen zu müssen. Wird es doch die Holzklasse, hilft es, sich beim Boarding ganz hinten anzustellen. „Ich versuche immer, als Letzte einzusteigen", rät Vielfliegerin Eva. „So sehe ich, welche Plätze frei bleiben und komme mit ein bisschen Glück in den Genuss einer ganzen Mittelreihe – fast so bequem wie ein Bett."

Die Wasser-Regel: Die Luft in einem Flugzeug ist dank moderner Klimaanlagen so sauber wie die eines OP-Saals. Trotzdem behauptet eine Studie des Journal of Environmental Health Research, dass die Wahrscheinlichkeit, sich im Flugzeug eine Erkältung zu holen, 100 Mal größer ist als im Alltag. Der Grund: Die Luftfeuchtigkeit in der Kabine beträgt während des Fluges nur zehn Prozent (gut wären 50 Prozent). Leider ist trockene Luft Gift für unsere Nasen- und Rachenschleimhäute, die uns als eine Art natürliche Barriere vor Keimen und Viren schützen. Die Lösung: So viel Wasser trinken wie nur möglich! Flug-Profis schwören außerdem auf Meerwasser-Nasenspray.

Die Ballaststoff-Regel: Je höher das Flugzeug steigt, desto niedriger der Luftdruck in der Kabine. Nimmt man einen auf dem Boden aufgepumpten Luftballon mit an Bord, dehnt er sich in 10.000 Metern Flughöhe um etwa 30 Prozent aus. Dasselbe geschieht auch mit den Gasen in unserem Darm, Blähungen sind die Folge. Ballaststoffe fördern ihre Entstehung und kommen im Bord-Essen in Form von Nudeln und Brot reichlich vor. Wer stattdessen Gemüse und ein bisschen Fleisch oder Fisch isst, fühlt sich besser. „Weniger träge und viel fitter", meint Eva Kreyer. „Das spüre ich auch bei der ersten Surfsession."

Die Jet Lag-Regel: Wenn jemand weiß, wie man den Körper am schnellsten an eine weit entfernte Zeitzone gewöhnt, dann sind das Stewardessen. Sie leben nach einer einfachen Regel: Kommen sie am Zielort vor 13 Uhr an, legen sie sich für maximal drei Stunden schlafen, zwingen sich dann aufzustehen und gehen abends ganz normal ins Bett. Bei einer Ankunft nach 13 Uhr, versuchen sie so lange es geht, wach zu bleiben – auf keinen Fall vor 19 Uhr ins Bett gehen!

SITZPLATZSUCHE

Egal wo man sitzt, man hat immer das Gefühl, dass die anderen irgendwie besser sitzen. Das muss nicht sein: Wer vorher online reserviert, hat die freie Auswahl. Die Qualität des Sitzplatzes hängt zwar vom Flugzeugtyp und der Airline ab, aber ein paar Tipps gelten immer und überall.

- Die Sitze am Notausgang bieten die meiste Beinfreiheit, kosten aber oft Aufpreis; allerdings schadet es nicht, sich beim Einchecken zu erkundigen, ob diese noch verfügbar sind. Die Plätze in der Reihe davor sollte man meiden, da man die Rückenlehnen nicht zurückklappen kann.
- Wer Flugangst hat, sitzt am besten über den Tragflächen – hier sind die Turbulenzen und Erschütterungen am wenigsten zu spüren.
- Die Plätze direkt vor den Toiletten zählen zu den schlechtesten im ganzen Flugzeug: unangenehme Gerüche, hoher Geräuschpegel und oft lassen sich nicht einmal die Lehnen verstellen.
- Statistiken von Flugzeugunglücken beweisen: Je weiter hinten man sitzt, desto höher die Überlebenschance bei Absturz oder Notlandung.
- Auf den Sitzplätzen vor den Triebwerken ist es lauter als dahinter.

PS.: Am bequemsten fliegt man mit Thai Airways, hier bieten die Sitze in der Economy Class ganze 91 Zentimeter Beinfreiheit. Bei Emirates sind es immerhin noch 86 Zentimeter. Große Menschen sollten American Airlines (76 cm) und Air Berlin (74 cm) meiden.

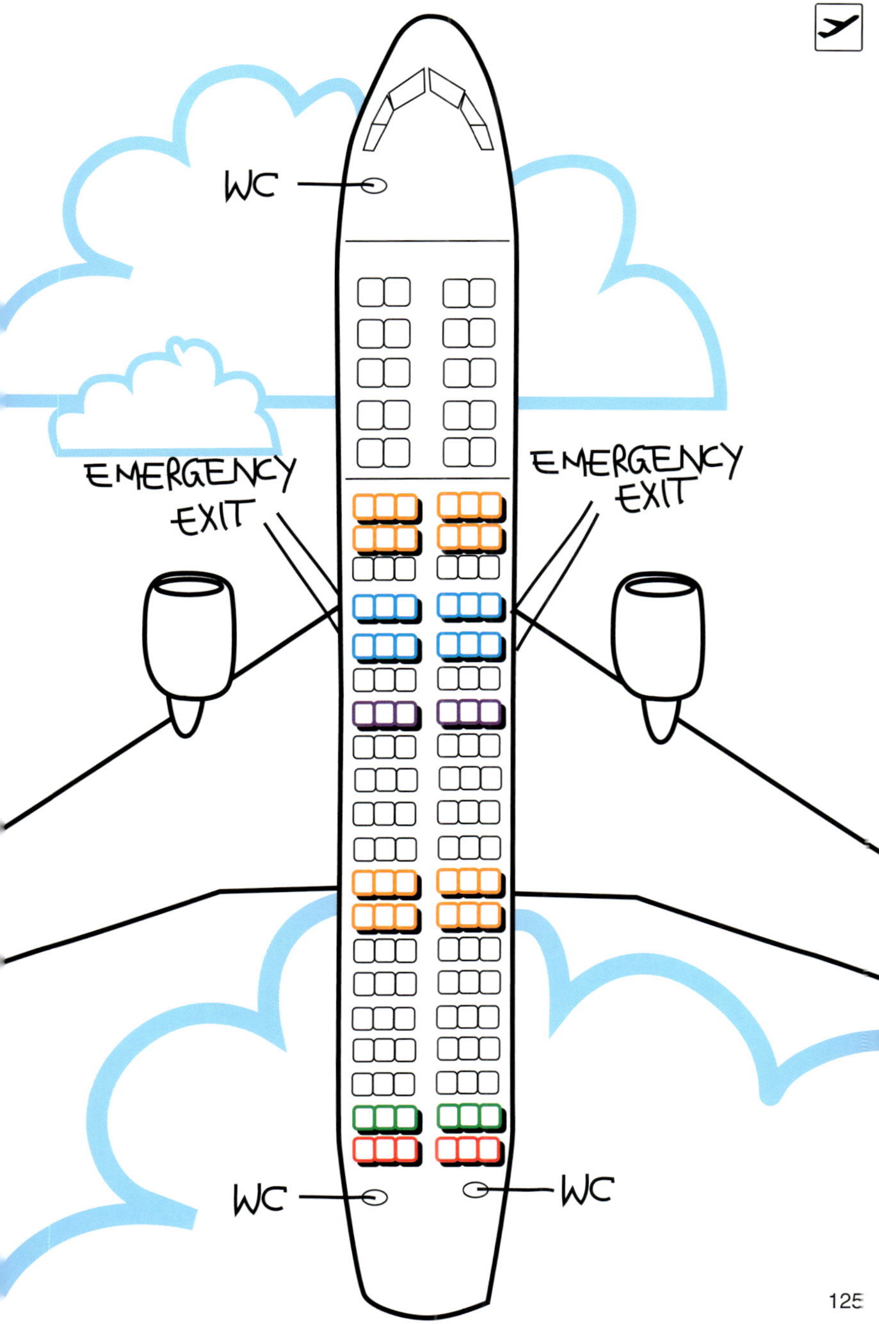
WC
EMERGENCY EXIT
EMERGENCY EXIT
WC
WC

MUSKELARBEIT

Wer nur ein- oder zweimal im Jahr Zeit für einen Surftrip hat, kennt das Gefühl: Nach der ersten Session seit vier Monaten tut dir alles weh – die Schultern, der Rücken, der Nacken. Dein ganzer Körper schmerzt und am nächsten Tag kannst du dich vor lauter Muskelkater kaum mehr bewegen. Das geht noch ein paar Tage so, und als du gerade beginnst, dich richtig fit zu fühlen, musst du schon wieder die Heimreise antreten. Wer darauf keine Lust hat, zieht entweder ans Meer oder bereitet sich besser vor. Zum Beispiel mit den vier ultimativen Yogaübungen für Surfer*, die du ohne viel Aufwand zu Hause, am Strand oder sogar im Line Up machen kannst.

Die Heuschrecke

Wie geht's: Lege dich auf dein Boardbag und spanne Po, Oberschenkel und den unteren Rücken an. Hebe zuerst deinen Oberkörper und dann die Beine leicht vom Boden ab, strecke deine Arme nach hinten, die Handflächen zeigen nach oben. Nun ziehst du deine Schulterblätter zusammen und bewegst sie dabei in Richtung deiner Hüften. Halte diese Position für drei bis sieben Atemzüge und wiederhole sie zweimal.

Was bringt's: Stärkt die Rückenmuskulatur und bereitet deinen Körper auf das Paddeln vor, das untrainierten Surfern die meisten Probleme bereitet.

*Expertenrat holten wir uns von Roland Wimbush. Der 37-jährige Australier surft seit er zehn ist und wohnt zur Zeit in Hossegor, Frankreich, wo er seine eigene Bekleidungslinie entwirft und Yoga speziell für Surfer unterrichtet (www.chocloproject.com). Ein paar Seiten weiter verrät er, was man außerdem tun kann, um seinen Körper auf Surftrips vorzubereiten.

Der Adler

Wie geht's: Strecke beide Arme auf Höhe deiner Schultern nach vorne. Kreuze den rechten über den linken Arm, ziehe die Ellenbogen an und umschlinge deine Arme so, dass sich beide Handflächen berühren. Der Trick dabei ist, die Arme nach oben zu drücken, während du deine Schultern nach unten ziehst, das dehnt deine Schultern zusätzlich. Halte die Position sechs Atemzüge lang und wechsle dann die Seite. Bei der stehenden Variante überkreuzt du zusätzlich noch die Beine: Mit dem linken umschlingst du den rechten Fuß, die Ferse umfasst die Wade. Jetzt beugst du deine Knie und lässt deine Hüften nach unten sinken, das intensiviert die Dehnung. Aber Achtung: Die Hüften nie tiefer als die Knie positionieren. Keine ganz leichte Übung, aber sehr effektiv.

Was bringt's: Die sitzende Variante kannst du überall machen - im Flugzeug genauso wie im Line Up, während du auf das nächste Set wartest: Sie löst Verspannungen in den Schultern und im Rücken. Als Aufwärmübung vor einer Session steigert sie die Flexibilität und Stabilität in deinen Schultern. Die stehende Variante verbessert dein Gleichgewichtsgefühl und führt zu einer intensiven Dehnung des Lendenmuskels. Er verbindet die Rückenwirbel mit der Hüfte, ist normalerweise nur schwer zu trainieren, aber für Surfer sehr wichtig, da er dich beweglicher macht - der Schlüssel zu radikalen Manövern und einem smoothen Style.

Open Chair-Variante

Wie geht's: Knie aus dem Stand beugen, so als würdest du auf einem Stuhl sitzen, und dabei die Arme parallel in Richtung Himmel strecken. Einatmen und die Handflächen vor deinem Brustkorb zusammenführen. Dabei die Hüften aber nicht tiefer beugen als die Knie, das ist nicht gut für die Kniegelenke. Beim Ausatmen drehst du dich nach rechts und legst deinen linken Ellenbogen über das rechte Knie. Nun wieder einatmen und die Arme weit öffnen; dabei drückt dein Ellenbogen fest gegen dein Knie, das intensiviert die Dehnung von Brustkorb und Schultern. Beim Ausatmen drehst du den Oberkörper wieder nach vorne und legst ihn auf deinen Oberschenkeln ab, die Hände berühren den Boden – wer beweglich ist, kann dabei die Beine durchstrecken. Ein letztes Mal einatmen, Knie beugen und die Hände wieder in Richtung Himmel strecken, nun ist die andere Seite an der Reihe. Die Übung zwei- bis dreimal pro Seite wiederholen.

Was bringt's: Streckt auf ganzer Länge die Wirbelsäule, verbessert Elastizität sowie Flexibilität und steigert die Durchblutung der Rückenmarksnerven, Lymphgefäße und des Bindegewebes. Sorgt für vermehrte Gelenkflüssigkeit und beugt Bandscheibenvorfällen vor. Diese Übung hilft nicht nur bei einer Überbeanspruchung des unteren Rückens, ausgelöst durch zu viel und zu langes Paddeln, sondern radikalisiert auch deine Turns, da die Wirbelsäule plötzlich viel beweglicher und stabiler ist. Trainiert aber auch die Beine und das Gleichgewicht, dehnt den hinteren Oberschenkelmuskel und den unteren Rücken.

Trizeps- und Schulter-Stretch

Wie geht´s: Setze dich im Schneidersitz auf dein Boardbag, nimm eine Leash in die rechte Hand und führe den Arm über den Kopf nach hinten. Winkle nun deinen linken Arm hinter dem Rücken an und greife damit die Leash dort, wo es am angenehmsten für dich ist. Intensiviere die Dehnung, indem du langsam und nur so weit, wie es ohne Schmerzen möglich ist, die Leash mit deiner Hand nach oben kletterst. Halte die Position für fünf bis zehn Atemzüge und wiederhole sie dann mit dem anderen Arm.

Was bringt's: Lockert die Trizeps- und vordere Schultermuskulatur und damit Muskeln, die du beim Take Off belastest.

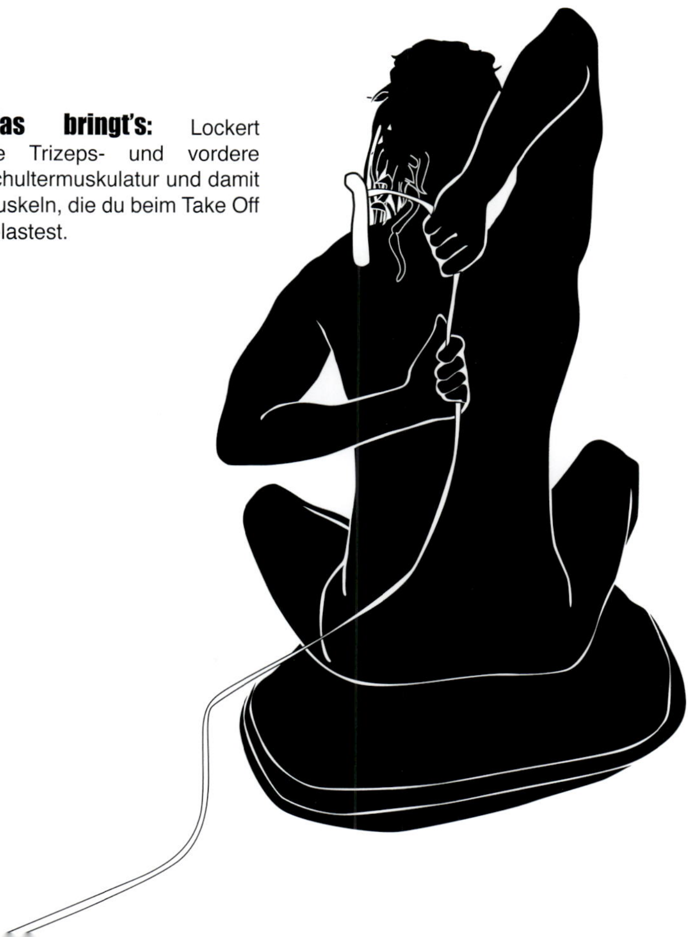

AUFBAUTRAINING

„Drei Jahre lang wohnte ich in den französischen Alpen und meine wenigen Surftrips in dieser Zeit verliefen immer nach dem gleichen Schema: In den ersten Tagen tat mir alles weh, ich war hundemüde und mein ganzer Körper schrie nach einem Tag Pause“, erzählt der australische Surfer Roland Wimbush*, der heute zwar wieder am Meer lebt, aber noch genau weiß, wie es sich anfühlt, nur ein- oder zweimal im Jahr ins Wasser zu kommen. Irgendwann hatte er auf diese Quälerei keine Lust mehr und beschloss, etwas zu ändern: Er fing an, sich auch in der Zeit zwischen seinen Surftrips fit zu halten. Wie, das erzählt er hier. Zur Nachahmung empfohlen!

Schwimmen:

Ist gut für die Ausdauer, außerdem benutzt man beim Kraulen die gleichen Muskeln wie beim Paddeln – Muskeln, die im Alltag kaum beansprucht werden. Dazu werden Schultern, Rücken und Nacken gleichzeitig trainiert. Wer ein bis zwei Monate vor dem nächsten Surftrip zwei Mal pro Woche schwimmen geht, sieht schnell erste Erfolge. Fange mit fünf Bahnen an und steigere dich langsam auf 50, irgendwann sind auch 100 kein Problem mehr. Es erfordert etwas Disziplin, aber beim nächsten Surftrip wirst du den Unterschied merken: Vielleicht fühlst du dich in den ersten Tagen immer noch etwas erschöpft, aber nicht so sehr, dass du eine Pause einlegen müsstest. Durch das Schwimmtraining ist dein Körper an die Belastung gewöhnt, deine Muskeln schmerzen nicht mehr und die zweite Session am Tag macht auch noch Spaß.

*Der 37-Jährige wohnt mittlerweile an der französischen Atlantikküste, wo er mit Choclo Project (www.chocloproject.com) seine eigene Bekleidungsfirma betreibt, fast täglich surft und Yoga speziell für Surfer unterrichtet. Wenn jemand weiß, wie man sich fit hält, dann er.

Krafttraining:

Das Schwimmen ergänze ich durch Krafttraining. Von Gewichten kannst du aber getrost die Finger lassen, sie trainieren lediglich die großen Muskelgruppen, vernachlässigen aber die kleinen. Dabei ist es bei einer permanenten, täglichen Belastung wie dem Surfen wichtig, dass die kleinen Muskeln die großen unterstützen, sonst kommt es leicht zu Überbelastungen der Gelenke; Schulter- oder Rückenschmerzen sind die Folge. Besser ist ein Gymnastik- oder Sitzball, den du in dein Krafttraining integrierst. Surfer wie Mick Fanning und Taylor Knox schwören auf dieses spezielle Training, bei dem du gleichzeitig Stabilität, Flexibilität sowie Gleichgewicht trainierst. Machst du Liegestütze beispielsweise auf dem Ball statt auf dem Boden, beanspruchst du viel mehr Muskeln in deinem Oberkörper. Wer seine Balance verbessern möchte, geht auf dem Ball in den Liegestütz und hebt abwechselnd ein Bein vom Boden ab. Für kraftvollere Turns klemmst du den Ball beim Seitstütz einfach zwischen deine Beine, das stählt die Rumpfmuskulatur.

Yoga:

Obwohl ich 37 bin, habe ich das Gefühl besser denn je zu surfen: Ich halte längere Sessions durch und habe auf dem Board mehr Power als früher. Woher das kommt? Vom Yoga. Viele Yogapositionen ähneln den Bewegungsabläufen beim Surfen, aber in erster Linie geht es darum, den Körper gleichmäßig zu trainieren und symmetrisch auszurichten. Da wir entweder als Rechts- oder Linkshänder aufwachsen, beanspruchen wir eine Körperseite immer stärker als die andere. Egal ob wir eine Tätigkeit mit den Armen ausführen, gehen oder laufen, entstehen durch die einseitige Belastung im Laufe der Jahre muskuläre Dysbalancen. Mit 20 macht sich das noch nicht bemerkbar, aber mit 30 oder 40 treten die ersten Beschwerden auf: Zuerst ist es nur ein Zwicken in der Schulter oder im Knie, aber je älter wir werden desto schlimmer die Beschwerden. Auch Surfen ist eine sehr asymmetrische Sportart: Wir stehen regular oder goofy auf dem Board, wodurch eine Körperhälfte immer stärker als die andere trainiert wird. Yoga gleicht muskuläre Dysbalancen aus und verhindert, dass sich die Körperhaltung durch die einseitige Belastung verändert. Das geschieht zum Beispiel auch beim Paddeln, das vor allem die untere Rückenpartie trainiert, aber die Bauchmuskulatur kaum beansprucht. Deshalb haben in Australien viele Surfer über 50 ein extremes Hohlkreuz und einen ebenso ausgeprägten Bierbauch – klar, dass sich das auf die Surf-Performance auswirkt und irgendwann zu massiven Rückenproblemen führt. Wer regelmäßig Yoga macht, der kann auch noch mit über 50 so surfen wie mit 30. Das ist für Surfer, die am Meer wohnen, genauso wichtig, wie für jemanden, der nur ein- oder zweimal im Jahr ins Wasser kommt.

PROFIKÜCHE

Surf-Pros leben von ihrem Sport. Ihr Körper ist ihr Kapital, den sie stimmen wollen wie ein feines Instrument. Sie wissen, dass Karotten und Fisch gesünder sind als Chips und Hamburger, aber das reicht ihnen nicht.

Kraftknolle

Der Brasilianer **Carlos Burle** wurde 2010 erster Big Wave-Weltmeister, ist über 40, aber fitter als manch 20-Jähriger. Sein Erfolgsgeheimnis? Knallhartes Training an sechs Tagen die Woche und eine kleine Knolle aus den peruanischen Anden: Maca. Schon die Inkas wussten um die leistungssteigernde Wirkung der Pflanze. Angeblich enthält die Maca-Knolle wertvolle Nährstoffe, die das Immunsystem stimulieren und die Ausdauer fördern. Carlos Burle schwört auf das exotische Gemüse, das getrocknet und zerrieben in Pulverform verkauft wird: „Zum Frühstück gibt es bei mir jeden Tag eine Portion Haferflocken mit Früchten, Nüssen und einem Esslöffel Maca. Damit sind stundenlange Surf- und Trainingssessions kein Problem."

Rohkost

Wer **Brian Conley** gegenüber steht, kann kaum glauben, dass dieser ausgemergelte Typ Wellen surft, die dir beim kleinsten Fehler das Genick brechen können. Er kann es dank „Raw Power" – Superkräfte, die der Pro-Surfer aus seiner speziellen Ernährung gewinnt. Der 31-jährige Amerikaner hat seit Jahren nichts Gekochtes oder Gebratenes zu sich genommen – Steaks sind für ihn nichts anderes als „tote Kadaver". Brian isst stattdessen ausschließlich frische Früchte, Nüsse sowie Gemüse und trinkt so oft es geht seinen „grünen Superstoff", einen Saft aus frisch gepressten Orangen, Algen und etlichen weiteren Pflanzen. Ausnahmen gibt es für ihn nicht, nicht einmal, wenn er für eine Welle ans Ende der Welt fliegt. „Zu Hause in Kalifornien ist es sogar schwieriger und teurer an gute Vollwertkost zu kommen, auf Reisen pflücke ich einfach Kokosnüsse, Papayas oder Mangos." Seine Notration: Ein Sack Nüsse, die enthalten viel Fett und liefern Unmengen an Energie. Faszinierend ist, dass Brians Rohkost ihn sogar vor Sonnenbrand schützt: „Ich creme mich nie ein. Die Sonne entgiftet den Körper auf natürliche Art. Sonnenbrand bekommst du nur, wenn du Gifte in dir trägst, die die Sonne an die Oberfläche holt. Wenn dein Körper frei davon ist, musst du dir darüber keine Sorgen machen."

Milchdiät

1992 wurde er mit 20 zum jüngsten Weltmeister aller Zeiten, 2010 mit 38 zum ältesten. Nicht der einzige Rekord, den **Kelly Slater** hält: Zehn Weltmeistertitel holte sich vor ihm auch noch kein anderer Surfer. Aber wie macht er das? Was unterscheidet Kelly von seinen oft zehn, fünfzehn Jahre jüngeren Konkurrenten auf der Tour? Vielleicht nur seine Abneigung gegen Milchprodukte? „Sie schwächen deinen Körper und machen dich krank", schreibt er in seinem Buch „For the love", und erklärt seine Theorie folgendermaßen: „In den 30er Jahren des 20. Jahrhunderts führte der Arzt Francis Pottenger eine Studie an 900 Katzen durch. Ein Teil der Tiere wurde ausschließlich mit Rohmilch ernährt, der andere mit der damals neuen und noch relativ unbekannten pasteurisierten Milch gefüttert. Die Ergebnisse waren erschreckend: Während sich die erste Gruppe normal entwickelte, wurden die Katzen der zweiten Gruppe apathisch, verwirrt und litten an Krankheiten, die man sonst nur von Menschen kannte: Herzbeschwerden, Nierenversagen, Fehlfunktionen der Schilddrüse und Osteoporose. Die Nachkommen dieser Katzen waren ebenfalls krank, ihre Zähne und Knochen schlecht entwickelt. Ein Indiz, dass die Tiere das Kalzium der pasteurisierten Milch nicht aufnehmen konnten. Für die dritte Katzengeneration kam es sogar noch schlimmer: Viele Babys wurden tot geboren und der Rest war unfruchtbar – Pottenger musste das Experiment beenden. Heutzutage wissen nur noch wenige Menschen, wie Rohmilch schmeckt, in vielen Teilen der Welt ist der Verkauf sogar verboten. Eigentlich ist es keine Überraschung, dass es uns mittlerweile ähnlich wie den Katzen in der Studie geht – wir leiden immer häufiger an Unfruchtbarkeit und Kalziummangel."

Nachgefragt

Kann ich durch spezielle Ernährung meine Surf-Performance verbessern?

Jan Folkard Willms, Arzt und Surfer, ist davon überzeugt und hat spezielle Nahrungsergänzungsmittel für Surfer entwickelt:

„Surftrips sind für deinen Körper und den Organismus oft sehr kräftezehrend: Ein, zwei, vielleicht sogar drei Mal pro Jahr forderst du von ihm mehrere Wochen lang Höchstleistungen. Du mutest ihm lange Flüge und unterschiedliche Zeitzonen zu, verlangst, dass er sich sofort an tropisches Klima oder kaltes Wasser gewöhnt, und willst jeden Tag mindestens eine Surfsession absolvieren. Eine ausgewogene und abwechslungsreiche Ernährung ist da ideal, reicht aber meist nicht aus, um deinen Körper auf diese Ausnahmesituation vorzubereiten. Deshalb macht eine gezielte Ergänzung der Nahrung mit Aminosäuren, Vitaminen und Mineralien Sinn. Insbesondere in entlegenen Surfregionen. Wer zum Beispiel schon einmal in Mittelamerika unterwegs war, weiß, dass es oft nur Bohnen und Reis zu essen gibt. Das reicht nicht aus, um deinen Körper mit den Nährstoffen zu versorgen, die er braucht, um voll leistungsfähig zu sein. Was also tun, wenn eine kopfhohe, perfekte Left direkt vor deiner Nase bricht, du aber zu schwach bist, um dir auch nur dein Lycra überzuziehen?

Genau so ist es mir 2009 ergangen: Ich war in Australien, Indonesien sowie Europa unterwegs und surfte so viel wie noch nie. Eigentlich hätte ich topfit sein müssen, aber das Gegenteil war der Fall, immer häufiger fühlte ich mich erschöpft und bekam kleinere Infekte. Ich fing an, mich mit Nahrungsergänzung zu beschäftigen, aber es gab kein Produkt auf dem Markt, das meine Anforderungen hundertprozentig erfüllte. Also stellte ich mir die Wirkstoffe, die ich für sinnvoll hielt, selbst zusammen. Es funktionierte: Ich war plötzlich leistungsfähiger und erholte mich nach einer Session viel schneller. Die Idee von NiceOne war geboren: Nahrungsergänzungsmittel, die speziell auf Surfer und andere Extremsportler zugeschnitten sind.

Wenn man beispielsweise nach einer Session einen Snack isst, um wieder zu Kräften zu kommen, dauert es zwischen drei und sechs Stunden, bis der Körper die Nährstoffe verdaut und an ihren Wirkungsort, beispielsweise die Muskeln, transportiert hat. **Meistens war man zu diesem Zeitpunkt bereits ein zweites Mal im Wasser und hat sich gewundert, wieso sich die Arme trotz der kleinen Zwischenmahlzeit bei jedem Paddelzug bleischwer anfühlen.** So kam ich auf die Idee für NiceOne Recovery: Kapseln, die Aminosäuren, Mineralstoffe und Vitamine enthalten, abgestimmt auf die Schnellkraftausdauer, die gerade beim Surfen so wichtig ist.

Blitzschnell, innerhalb einer Stunde, versorgen die Wirkstoffe den Körper mit allem, was er benötigt, um das ermüdete System zu regenerieren. **Die Welt hält aber noch viele andere Wundermittel bereit:** Reishi etwa, ein Heilpilz, der in Japan und China bereits seit über 4000 Jahren verwendet wird und deine Abwehrkräfte stärkt. Wichtig zu Beginn eines Surftrips, da die Leistung des Immunsystems durch die ungewohnte Anstrengung und lange Anreise in den ersten Tagen rapide abfällt. Wissenschaftliche Studien haben belegt, dass der Pilz die Aktivität der weißen Blutkörperchen verbessert und so die körpereigene Abwehr stärkt. Aber nicht nur dein Körper, auch dein Kopf muss beim Surfen mitspielen. Dabei hilft Rhodiola. Diese traditionelle Heilpflanze wächst in den Alpen auf über 2000 Metern Höhe und wirkt wie ein natürlicher Energy Drink, der das Nervensystem über einen langen Zeitraum stimuliert - mehrstündige Sessions sind so kein Problem mehr.

Besonders stolz sind wir aber auf unsere ‚Sonnenbrille zum Schlucken‘. Durch die Reflexion des Wassers sind wir beim Surfen verstärkter UV-Strahlung ausgesetzt. Die Haut schützen wir mit Sonnencreme, aber was ist mit den Augen? Oft sind sie nach langen Sessions in der prallen Sonne gerötet und schmerzen, aber daran ist nicht allein das Salzwasser schuld, auch Augen können Sonnenbrand bekommen. **Erst vor kurzem hat die Weltgesundheitsorganisation erklärt, dass 20 Prozent der Erblindungen weltweit auf ultraviolette Strahlung zurückzuführen sind.** Grund sind sogenannte freie Radikale, die durch UV-Strahlung entstehen und die Zellen der Haut und Augen zerstören. Natürliche Gegenmittel sind Antioxidantien wie zum Beispiel die pflanzlichen Farbstoffe Lutein, Zeaxanthin und Astaxanthin, die auch in Karotten zu finden sind: Sie schützen die Zellen von Haut und Netzhaut, beugen Sonnenbrand vor und wirken wie eine natürliche Sonnenbrille. Allerdings reicht eine Karotte am Tag nicht aus. Denn um die gleiche Menge Antioxidantien zu sich zu nehmen, die wir in eine kleine Kapsel stecken, müsste man eine ganze Schubkarre Karotten essen!“

Einfacher geht es mit Produkten von NiceOne, die es in ausgewählten Surfshops oder online (www.niceone.de) zu kaufen gibt und dir helfen, das Maximum aus deinem Surftrip herauszuholen.

ZIELPLANUNG

Lars Jacobsen hat schon Ecken dieses Planeten gesehen, von denen du noch nicht einmal gehört hast. Der Surfers-Chefredakteur lässt keine Chance aus, irgendwo im Dschungel, zwischen Gletschern oder auf unbewohnten Atollen nach neuen Wellen zu suchen und weiß genau, wie dein Traumziel aussieht: Egal ob du auf Action stehst, dir lieber gar keine Sorgen machst oder auf der Suche nach deinen eigenen Grenzen bist.

RUNDUM-SORGLOS-PAKET: Surfen mit Ruhepuls

Frankreich im Sommer: Einfach ins Auto setzen und die Küste irgendwo zwischen Hossegor und Lacanau ansteuern. Die Fahrt zieht sich ganz schön in die Länge, aber das Schlimmste, was dir unterwegs passieren kann, ist wohl in Paris falsch abzubiegen und für einen halben Tag vom Großstadtdschungel verschluckt zu werden, bevor du die Autobahn wiederfindest. Einmal an der Küste angekommen, bietet die perfekte Surfer-Infrastruktur alles, was dein Herz begehrt: Surfshops, Bars, Clubs, Campingplätze direkt hinter der Stranddüne und echtes Sommerferien-Feeling von Juni bis September. Das Wasser ist warm, der Himmel wolkenlos, die Wellen haben meist Spaßgröße und das größte Risiko ist wohl, von deiner Freundin eine gescheuert zu bekommen, weil deine Augen einen Tick zu lange an einer Strandschönheit hingen.

Malediven: Ein Luxustrip, dafür aber wohl das unkomplizierteste Surf-Setup, das ich je gesehen habe. Du musst nur darauf achten, dass du auf den über 1000 Inseln der Malediven im richtigen Resort buchst. Wenn du alles richtig machst, wohnst du zwischen Palmen, weißen Sandstränden und kristallklarem Wasser direkt vor einer Welle. Musst dir also nur dein Board schnappen, ins warme Tropenwasser springen und ein paar Wellen shredden. Falls dir nach ein paar Tagen der Sinn nach Abwechslung steht, nimmst du ein Wassertaxi und lässt dich zum nächsten Spot fahren. Es gibt immer etliche Breaks im Umkreis und die meisten davon brechen mit mechanischer Präzision über wenig bedrohliche Riffe. Noch besser ist nur, sich mit ein paar Freunden ein ganzes Boot zu chartern und durch die Malediven zu cruisen.

Siam Wavepark Teneriffa: Die Kanareninsel ist nur wenige Flugstunden entfernt und damit eine Welle, die jeden Tag bricht, absolut perfekt wie am Schnürchen gezogen und ganz auf deine Wünsche zugeschnitten. Zumindest, wenn du den Wavepool mit ein paar Kumpels komplett mietest, kannst du vorher sagen, was du willst: Eine Linke, eine Rechte, knie- oder doch lieber überkopfhoch. Angeblich kann diese Anlage die größte künstliche Welle der Welt produzieren. Natürlich immer unter den Augen der Rettungsschwimmer und nur ein paar Meter von einem Snackstand mit Pommes und Pizza entfernt. Ein Trip der anderen Art, der mit dem Lösen der Tageskarte beginnt.

EINSTIEGS-ABENTEUER: Action, aber bitte ohne Todesangst!

Goldcoast Australien: Die Reise ist lang, aber wenn du einmal angekommen bist, ist alles andere ein Kinderspiel. Du brauchst nicht einmal einen eigenen fahrbaren Untersatz, per Bus kommst du in jeden Ort, musst nur aussteigen und in einem der zig Backpacker-Hostels einchecken. Eigentlich kannst du nichts dagegen tun, dass diese Reise durch die Partystädte ein grandioser Spaßtrip wird. Wer lieber im eigenen Van unterwegs ist, kann überall campen, teilweise direkt am Surfspot, ohne Angst vor einem Überfall haben zu müssen, die Goldcoast ist „safe". Toll sind auch die Barbecueplätze, die jeder nutzen kann, ein echtes Paradies für Backpacker, aber auch für Surfer: Wellen gibt es immer in allen Variationen, von riesig bis zur hüfthohen Longboardwelle. Im Wasser sind eigentlich alle entspannt, obwohl es oft voll ist – nur total daneben benehmen sollte man sich nicht. Australier sind für mich sowieso die nettesten Menschen auf dem Planeten, sie reden mit jedem, verraten auch mal einen Spot und sind immer für ein Bier zu haben. Böse sind nur die Tiere. Alles, was da so kreucht und fleucht, ist einfach eine Nummer größer als hier: Schlangen dick wie ein Oberschenkel, Spinnen größer als deine ganze Hand und im Wasser noch Haie und Quallen, die dir echt schmerzhafte Verbrennungen zufügen können. Genauso wie die Sonne, vielleicht dein härtester Gegner in Australien. Schwer ist es außerdem, eine Welle an den Top-Spots wie Duranbah oder Snapper Rocks zu erwischen, die sind supervoll. Ich habe mal erlebt, dass es dort wochenlang keinen richtigen Swell gab und dann, am 1. Januar, die gesamte Superbank perfekt lief. Ich dachte, dass morgens nicht viel los ist, weil alle noch von Silvester verkatert sind – aber denkste, da saßen 300 Surfer im Wasser!

Bali: Das größte Minus: Der Verkehr. Der ist die Hölle, du musst fast um dein Leben bangen, wenn du nur einmal über die Straße willst. Aber damit ist es sowieso nicht getan. Um flexibel zu sein, musst du dir eigentlich ein Motorrad mieten. Das hat zur Folge, dass dort mindestens die Hälfte der deutschen Touristen irgendwo Schrammen oder Abschürfungen von einem Moped-Crash am Körper trägt. Dafür sind die Locals so nett und positiv, dass wirklich immer ein entspannter Insel-Vibe herrscht. Die Wellen können dir allerdings die Zähne zeigen, vor allem an den berühmten Spots wie Uluwatu. Hier wird dir bei einem richtigen Swell kein Fehler verziehen, da landest du gleich auf dem trockenen Riff. Für echte Wellenreiter, die wirklich nur surfen wollen, ist Bali aber ein Traumziel. Hier gibt es immer irgendwo eine Welle zu surfen, selbst in der Regenzeit. Und ansonsten brauchst du nur Flipflops und Boardshorts. Vorsicht aber vor zu viel Arak in den Bars von Kuta, der macht dich wirklich bescheuert im Kopf. Aber es kann noch schlimmer kommen: 2010 sind ein paar Russen an gepanschtem Schnaps gestorben.

Marokko zwischen Taghazoute und Imsouane: Für gute Wellenreiter ein Traum, für alle anderen mit Vorsicht zu genießen, da die guten Wellen fast alle über „Schmirgelpapier-Riffe“ brechen. Dazu kommen noch recht bissige Locals, du musst dir nur einen Fehler leisten und schon wirst du angeraunzt. Auf der anderen Seite kannst du bei einem dicken Swell in Anchor Point Wellen surfen, die fast über einen halben Kilometer laufen. Zu viel Risikobereitschaft ist allerdings fehl am Platz: In Marokko willst du nicht ins Krankenhaus. Ein Auto zu mieten und auf eigene Faust auf Entdeckung zu gehen, verleiht dem Trip auch einen besonderen Flair, da du in fast jedem Dorf vor der Polizeistation anhalten musst. Touristen begegnen die Cops aber recht entspannt.

HARDCORE-TRIPS: Wer wagt, gewinnt!

Von Bali nach Sumatra: Krui hieß unser Ziel, eine wahninnig gute Left im Südosten Sumatras, die auch noch menschenleer sein sollte. Kaum hatten wir davon gehört, machten wir uns auf den Weg: Zuerst sechs Stunden im Flieger nach Jakarta, dann sechs Stunden im Bus zum Hafen und danach nochmal sechs Stunden auf einer rostigen Fähre, die so aussah, als ob sie jede Minute auseinander brechen könnte, von Java nach Sumatra. Aber das war noch nicht alles, bis Krui lagen weitere sechs Stunden im Bus vor uns, ein Horrortrip: So voll, dass wir auf unseren Boards sitzen mussten, dazu voll aufgedrehte Technomusik, 40 Grad Hitze und ein Busfahrer, der anscheinend nur sein Gaspedal benutzen wollte. Immer Vollgas durch die größten Schlaglöcher und Überholvorgänge trotz Gegenverkehr. Ständig dachte in nur: Das war's, diese Fahrt überlebe ich sicher nicht. Am Ziel war aber sofort klar, dass sich die Strapazen gelohnt haben: Die Welle brach, wie wir sie uns erträumt hatten. Außerdem lebt ein Australier dort und vermietet Bungalows, ohne fließendes Wasser und mit einem Stromgenerator, der ständig ausfällt – dafür aber mitten im Dschungel. Unangenehm war nur das lästige Malaria-Thema, das man dort nie ganz vergessen kann.

Ostküste Indiens mit Bus und Bahn: Für mich ist Indien das absolute Gegenteil von unserer westlichen Welt, größere Unterschiede habe ich noch nirgendwo erlebt. Du kommst an, siehst mehr Menschen auf einem Haufen als jemals zuvor in deinem Leben und ausnahmslos alle starren dich an. Touristen sind an manchen Orten noch ein ungewöhnlicher Anblick für die Inder, die meisten bleiben sofort stehen und verfolgen dich mit ihren Blicken – gewöhnungsbedürftig. Aber auch abgesehen davon wirst du von Gerüchen, Farben und den ganzen anderen Eindrücken erschlagen. Früher dachte ich immer, dass es so etwas wie einen Kulturschock gar nicht gibt, aber dort habe ich dieses Gefühl am eigenen Leib erfahren und es dauerte ein paar Tage bis ich wusste, wie man in Indien zurecht kommt. Mein Trip begann im Norden in Kalkutta und führte fast bis zum Südzipfel: circa 1500 Kilometer an der Küste entlang. Es gibt hier Wellen, auch wenn die nur wenige kennen. Viel mehr als an das Surfen an den unzähligen, recht sanften Beachbreaks, erinnere ich mich an das Reisen selbst. Löst du im Zug ein Ticket für die erste Klasse, erwartet dich ein Bummelzug samt klimatisierten Abteilen. Wer hier unterwegs ist, sollte aber nicht verpassen, einmal in der dritten Klasse einzusteigen: ein einzigartiges Erlebnis. Da herrschen 40 Grad, alle sitzen wie die Hühner auf der Stange dicht an dicht und wer keinen Platz mehr im Zug findet, hängt sich eben außen an den Wagon. Essen ist auch ein Abenteuer, ich glaube, es gibt niemanden, der während eines langen Indientrips nicht mit Magenproblemen zu kämpfen hat. Wenn man die Menschen aber erst einmal verstanden hat, ist alles wunderbar, dann wohnst du für eine Handvoll Euro in einem Ashram und wunderst dich nicht mehr, warum die Jungs den Kopf schütteln, wenn sie „Ja" sagen.

Island im April: Hardcore wegen der Kälte, einmal hat es sogar geschneit. Im Wasser ist der dickste Neoprenanzug samt Booties, Handschuhen sowie Haube Pflicht, und trotzdem ist nach spätestens einer Stunde surfen Schluss. Das Wellenpotential ist dafür enorm, in Island kannst du ein paar der besten Wellen deines Lebens finden. Die Suche nach ihnen ist allerdings schwierig. Du bist vollkommen auf dich alleine gestellt, kommst an viele Strände nur mit einem Offroader und kannst auch niemanden fragen, wo eine Welle bricht, denn surfende Locals sind eine Seltenheit. Hier musst du wirklich die Landkarte nehmen und schätzen, wo sich ein Surfspot verstecken könnte – eine Zeitreise zurück in die Jahre vor den ganzen Surfguides. Aber selbst unfreiwillige Umwege können sich lohnen. Hier gibt es überall Geysire, Vulkane und Gletscher, eine Natur, wie ich sie zuvor noch nie gesehen habe. Für männliche Touristen gibt es aber noch eine andere Gefahr: Frauen. Einmal kam eine Gruppe hübscher Frauen zu unserem Bus gelaufen und wollte uns aus dem Wagen ziehen. Und das war keine Ausnahme, sondern ging den ganzen Trip so. Wir kamen uns vor wie Freiwild. Für alle, denen das an Herausforderungen nicht reicht, gibt es noch den Gammelhai: Eine isländische Spezialität. Der Fisch wird nach dem Fang für mehrere Monate in der Erde vergraben. Danach stinkt er wie Pantherpisse und ist nur mit viel Schnaps zu genießen.

Für Adrenalinsportler
NICE ONE©
SCHÜTZT AUGEN UND HAUT BEI SPORT UNTER INTENSIVER SONNE
UV Protection
Für Adrenalinsportler
NICE ONE©
SCHÜTZT AUGEN UND HAUT BEI SPORT UNTER INTENSIVER SONNE
UV Protection

DANKE...

...an Gloria Gärtig & Anne Schmidt von Planet Sports für ihr Vertrauen.

...an Jan Folkard Willms von NiceOne für eine Redaktionskiste voll mit Testprodukten, die eine gute Ausrede waren, um den Schreibtisch immer mal wieder gegen eine Surfsession einzutauschen.

...an alle Experten für ihre Mühe, Zeit und Geduld: Tim Schubert, Keith Malloy, Laird Hamilton, Shawn Dollar, Mark Healey, Daniel Burrows, Runar Omarsson, Dr. Susanne Pechel, Dr. Erich Ritter, Layne Beachley, Stephan Harbort, Eva Kreyer, Klaus Baumgartner, Xavier Rosset, Tom Thumb, David Kingdon, Roland Wimbush, Lars Jacobsen.

...an Claudius Danesitz, dem viele der in diesem Buch erwähnten Missgeschicke passiert sind – ein paar davon haben wir uns für das Surftrip-Überlebenshandbuch 2 aufgehoben.

...an unser Grafik- und Illustrationsgenie Daria Malek, die in langen Nächten jede einzelne Seite dieses Buches designt und ihm Leben eingehaucht hat.

Bitte nicht wegwerfen!

Die Surftrip-Überlebenshandbuch-Überlebenstüte ist zwar 100 Prozent recyclingfähig, aber im Müll sollte sie trotzdem nicht landen. Sie kann nämlich noch viel mehr als nur das Buch vor Salzwasser, Sand und Sonne zu schützen: Zum Beispiel Zigarettenstummel entsorgen, Kleingeld sammeln, Kakerlaken fangen, Sandwiches verpacken, Sonnencremetuben ohne Verschluss transportieren, Reisesouvenirs aufbewahren und dir sogar das Leben retten (wie erfährst du auf Seite 86)!